O BEM, O MAL
e as
ciências da mente

Do que são constituídos os psicopatas

© Copyright 2014
Ícone Editora Ltda.

Capa
Suely Danelon

Diagramação
Suely Danelon

Revisão
Juliana Biggi

Proibida a reprodução total ou parcial desta obra, de qualquer forma ou meio eletrônico, mecânico, inclusive por meio de processosxerográficos, sem permissão expressa do editor (Lei nº 9.610/98).
Todos os direitos reservados à:

ÍCONE EDITORA LTDA.
Rua Anhanguera, 56 – Barra Funda
CEP: 01135-000 – São Paulo/SP
Fone/Fax.: (11) 3392-7771
www.iconeeditora.com.br
iconevendas@iconeeditora.com.br

Dados Internacionais de Catalogação na Publicação (CIP)
(Câmara Brasileira do Livro, SP, Brasil)

CIP-BRASIL. CATALOGAÇÃO NA PUBLICAÇÃO
SINDICATO NACIONAL DOS EDITORES DE LIVROS, RJ

V446b

    Vasconcellos, Silvio José Lemos
      O bem, o mal e as ciências da mente: do que são constituídos os psicopatas / Silvio José Lemos Vasconcellos. - 1. ed. - São Paulo : Ícone, 2014.
      100 p. : il. ; 23 cm.

    ISBN 978-85-274-1264-3

    1. Psicopatas. I. Título.

14-12190   CDD: 616.8582
                                 CDU: 616.89-008.1

14/05/2014   20/05/2014

PROF. DR. SILVIO JOSÉ LEMOS VASCONCELLOS

O BEM, O MAL
e as ciências da mente

Do que são constituídos os psicopatas

1ª edição

Ícone editora

Agradecimentos

A minha esposa Cristiane Teresinha de Deus Virgili Vasconcellos, cúmplice incansável das minhas inquietações científicas e filosóficas. Ao ambiente intrafamiliar no qual me desenvolvi, propiciado pelos meus pais maravilhosos, Lueci Vasconcellos (in memoriam) e Lauro Vasconcellos, pelos meus irmãos (in memoriam) e pelas minhas irmãs. Também ao meu ambiente extrafamiliar, propiciado pelos grandes amigos de infância.

SUMÁRIO

INTRODUÇÃO → Antes de começar a responder 7

CAPÍTULO 1 → Conduzindo uma entrevista 13

CAPÍTULO 2 → Avaliando alguns sinais de manipulação 37

CAPÍTULO 3 → Afinal, o que é ser um psicopata? 59

CAPÍTULO 4 → O que há de errado com o cérebro do psicopata? 79

CAPÍTULO 5 → Alguns se tornam mais psicopatas do que outros 101

CAPÍTULO 6 → Quem, dentro do cérebro, decidiu matar? 125

CAPÍTULO 7 → A maldade do psicopata e a palavra do promotor 149

CAPÍTULO 8 → Os psicopatas podem alcançar o nirvana? 165

CAPÍTULO 9 → O final de um conto quase zen 181

NOTAS 143

(...) Em toda a "ciência da moral", até agora, faltou, por estranho que isso possa soar, o próprio problema da moral, faltou a suspeita de que aqui há algo de problemático.

Para Além do Bem e do Mal
Friedrich Nietzsche

Introdução

Antes de começar a responder

Um estudante universitário, vindo de uma pequena ilha próxima ao continente asiático, passa a morar em um grande país ocidental. Se antes esse jovem vivia em um pequeno pedaço de terra afastado da costa, no qual residem aproximadamente quinze famílias, passa a viver então em um grande centro urbano. Se antes só havia tido contato com a religião budista, depara-se agora com diferentes instituições religiosas espalhadas por uma grande cidade.

Esse jovem conhece então uma estudante ocidental que, certo dia, comenta sobre a existência de um transtorno de personalidade chamado Psicopatia. Ela afirma que esse transtorno mental leva as pessoas a fazerem coisas horríveis, envolvendo-se em atos de extrema crueldade.

Esse jovem já tinha ouvido falar de algumas doenças bastante complexas que afligem o psiquismo humano. Já viu pessoas chorarem por longos períodos na ilha que habitava e escutou que isso poderia ser depressão. Soube de antigos moradores da ilha que tiveram de buscar tratamento no continente por apresentarem sintomas de esquizofrenia. Apesar disso, demonstra grande estranhamento quando sua nova amiga fala de um transtorno que faz as pessoas se tornarem malévolas. Afinal, como seria possível avaliar um quadro como esse? Seria necessário considerar apenas os atos de maldade de alguém? Para ele, isso parece fazer pouco sentido.

Tendo crescido em um povoado budista, aprendeu, desde cedo, que a maldade só existe como realidade atrelada a uma maior ilusão egóica. Trata-se de algo que só pode ser explicado pelo véu de Maya. Para ele, não existem pessoas verdadeiramente boas e pessoas verdadeiramente más, e sim pessoas mais ou menos livres dos condicionamentos do ego. De acordo com sua crença, a natureza desses fenômenos é vazia, não podendo existir, portanto, um transtorno capaz de ser explicado unicamente a partir dessa condição. Para esse jovem, somos apenas uma realidade em constante transformação e nada é essencialmente bom ou mau.

Por outro lado, a estudante alega que tais pessoas existem. Sustenta que, nas últimas décadas, os cientistas estão pesquisando a existência de uma síndrome capaz de explicar a essência da maldade de muitos indivíduos.

Passam-se meses, e ambos se tornam ainda mais dogmáticos quanto aos seus pontos de vista. O jovem oriental sustentava a ideia de que os psicopatas não existem, uma vez que não fazia sentido falar em essência da maldade. A jovem ocidental afirmava ser um absurdo seu amigo negar a existência de pessoas más no meio de tantas outras boas.

Essa breve história evidencia um enorme problema de diálogo entre as duas partes. O rapaz adotava uma visão exageradamente relativista sobre o fenômeno e a moça valia-se de um entendimento meramente categórico e valorativo sobre as ações humanas. Os argumentos de um servem, desse modo, apenas para reforçar as convicções do outro.

Pretendo, nas próximas páginas, demonstrar que ambas as concepções têm gerado empecilhos para uma real compreensão da psicopatia na atualidade. De um lado, pessoas que acreditam que um transtorno de personalidade possa ser compreendido a partir de um juízo de valor. De outro, pessoas que se apoiam em uma visão excessivamente crítica quanto às possibilidades de circunscrevermos o quadro com base nas suas características constitutivas.

Essas concepções, por certo, não estão vinculadas a correntes filosóficas ocidentais ou orientais. Minha história, nesse caso, permite-me apenas criar uma analogia inicial e útil para, nas próximas páginas, discorrer sobre a mente do psicopata. Uma analogia a partir da qual os capítulos que se apresentam são também uma forma de responder a pergunta que intitula o penúltimo capítulo do livro. Pretendo, tal como ensinou o sábio dos *shakyas*, mais conhecido como Buda, mostrar que podemos trilhar o caminho do meio para avançarmos nessas questões científicas e filosóficas. Porém, antes de chegar à resposta final sobre o motivo pelo qual os psicopatas não podem alcançar o nirvana, descrevo o percurso que estabeleci para as análises que virão.

No primeiro capítulo, valendo-me de uma linguagem mais narrativa, apresento uma das entrevistas que conduzi em uma situação de pesquisa. Apesar de alterar algumas informações para preservar um total sigilo quanto à identidade do avaliado, reproduzo, de modo bastante fidedigno, os aspectos dinâmicos da entrevista. Dessa forma, o leitor irá compreender como é conduzir uma avaliação para saber se alguém é ou não um psicopata. Entenderá melhor o porquê de algumas perguntas feitas e o que pode ser inferido a partir das respostas. Entretanto, o capítulo não propicia informações suficientes para que estudantes e profissionais de Psicologia e Psiquiatria sem experiência nesse tipo de entrevista aprendam a conduzir um processo avaliativo tão complexo. Pode fornecer informações úteis para estudantes e profissionais dessas áreas, mas sua função principal é evidenciar para todos os leitores que a psicopatia só pode ser diagnosticada com base em uma série de manifestações, algumas delas bastante sutis.

Para discorrer melhor sobre essas manifestações, explico, no capítulo seguinte, como analisei duas entrevistas concedidas por dois indivíduos famosos. Um deles, um assassino em série que matou mais de três dezenas de mulheres em alguns estados americanos na década de setenta. O outro, alguém que ficou famoso diante de uma notória capacidade de manipular as pessoas à sua volta. Diferente do capítulo anterior, essas entrevistas não seguiram um método específico objetivando a condução de um processo de psicodiagnóstico. Entretanto, determinadas manifestações comportamentais relacionadas à psicopatia são perceptíveis para avaliadores mais treinados, mesmo em entrevistas realizadas fora do contexto forense. Assim, destaco e analiso alguns desses comportamentos com base em alguns itens de um instrumento psicométrico usado para esses fins.

Depois desses capítulos, o leitor menos familiarizado com o tema compreenderá que, diferentemente da avaliação de um quadro de depressão ou do diagnóstico da esquizofrenia, a detecção da psicopatia demanda uma metodologia mais ponderada e relacional. Dessa forma, o tema do terceiro capítulo envolve alguns impasses que ainda existem sobre a melhor maneira de avaliar se alguém é psicopata ou não. Essa discussão também irá propiciar para o leitor uma síntese dos aspectos que, na atualidade, tem sido considerados para a realização do diagnóstico.

Para entendermos a mente do psicopata, além das manifestações comportamentais que caracterizam a síndrome, precisamos entender o que acontece no cérebro desse indivíduo. Dessa forma, o quarto capítulo destaca algumas pesquisas atuais com esse mesmo enfoque. Pretendo convencer o leitor de que o cérebro do psicopata não funciona da mesma forma que o cérebro de uma pessoa normal. A ciência já sabe disso e precisamos entender as reais implicações desses achados. Será que isso significa que tais indivíduos já nasceram assim? Será que pessoas frias e antissociais já existem na nossa espécie há milhares e milhares de anos e só agora resolvemos enxergá-las de um modo diferente? Essas e outras questões norteiam o quarto capítulo.

O quinto capítulo ajuda-nos a interpretar as pontuações diferentes que um psicopata pode ter em um instrumento que quantifica os seus sintomas. Esse instrumento que sugere que a psicopatia pode ser mais bem compreendida a partir dos seus aspectos dimensionais e não como um fenômeno do tipo "tudo ou nada". Dessa forma, partirei da análise de alguns casos emblemáticos para explicar como diferentes indivíduos com esse mesmo diagnóstico podem apresentar graus distintos de "maldade".

No capítulo seguinte, deixo de lado a divulgação de achados científicos sobre o cérebro do psicopata e sobre os sintomas mensuráveis do quadro para aprofundar-me em uma abordagem científico-filosófica. A pergunta central do capítulo é como podemos usar o conhecimento que já temos e os recursos da lógica para entender como o cérebro de alguém opta por fazer o mal. Assuntos com o livre-arbítrio e o determinismo são discutidos nesse mesmo capítulo.

Com base nas discussões propostas no capítulo anterior, torna-se mais fácil, no sétimo capítulo, entender as diferentes concepções sobre a aludida maldade do psicopata. Será que podemos dizer que o psicopata é mau por natureza? Essa é a pergunta norteadora desse mesmo capítulo. Uma discussão mais aprofundada sobre esse tema pode também subsidiar os pensadores do Direito e não apenas os profissionais das chamadas áreas 'psi'.

Finalmente, no oitavo capítulo, respondo a uma pergunta crucial para entender a perdurável condição dos psicopatas. Nessa parte, recorro a um conto como forma de mobilizar a recursividade lógica e analógica do pensamento do leitor para a compreensão de uma espécie de condição "neuroexistencial" do psicopata. Advirto, de outro modo, que este livro não tem a pretensão de ser uma obra literária. Em outras palavras, não se vale do uso da linguagem para além das suas ocorrências mais ordinárias. Em alguns momentos, no entanto, entendo que algumas metáforas geradas por uma linguagem mais narrativa podem ser úteis para as análises que apresento.

Para finalizar o livro, não bastaria defender posições científicas sem dizer como vejo a ciência. O último capítulo serve, nesse sentido, também para esclarecer que sou um combatente do relativismo desenfreado que tomou conta de algumas correntes do pensamento na atualidade. Convivo, de outro modo, muito bem com um relativismo que se apoie na razão, ainda que nos leve a ponderar sobre os seus limites.

Dito isso, penso que uma dúvida sobre qual é a característica definidora desta obra ainda pode existir. O leitor poderá questionar se irá encontrar, nas páginas que seguem, relatos de casos, discussões sobre como avaliar a psicopatia, descrições de achados da neurociência ou, de outro modo, considerações sobre temas mais filosóficos e existenciais. Este é um livro sobre a mente do psicopata ou sobre a Filosofia da Mente? É um livro sobre ciência ou sobre Filosofia da Ciência?

A resposta a essas perguntas estão neste livro. Mas, para não misturar as coisas, destaco que me aventuro nesse ecletismo somente a partir do sexto capítulo. Essa é uma opção decorrente de uma necessidade de organizar as ideias apresentadas e não de achar que essas áreas do conhecimento possam ser dissociadas. Assim, até o quinto capítulo, incluindo este, a abordagem é de como funciona a mente de um psicopata. Só depois disso, tento explicar o que já podemos dizer sobre do que é "feita" a mente de um psicopata e se podemos ou não dizer que a maldade é um dos seus elementos constitutivos.

Capítulo 1

CONDUZINDO UMA ENTREVISTA

Eram aproximadamente oito e trinta da manhã quando comecei a entrevistar João. Era um sábado ensolarado. Apresentei-me como de costume. Li o termo de consentimento, explicando o tipo de pesquisa que estávamos fazendo. Logo depois da sua assinatura, começamos uma longa conversa. O fato de estar usando um modelo específico de entrevista para avaliar traços de psicopatia não me impede de dizer que, a partir daqueles instantes, começava uma longa conversa.

Pretendo narrar um pouco dessa conversa nas páginas que seguem. Minha narrativa vale-se da alteração de certos detalhes e da omissão de outros como forma de inviabilizar qualquer possibilidade de identificação do avaliado. De qualquer modo, optei por ser totalmente fiel à dinâmica da entrevista realizada. Acredito que uma reprodução fidedigna desses aspectos servirá como ponto de partida para que o leitor entenda o que, de fato, é ser um psicopata. Mas entender as características definidoras de um transtorno não é o mesmo que entender as suas origens. Tentarei explicar o que pode estar por trás de algumas tendências antissociais do psicopata em um segundo momento. Por hora, quero apenas explicar como é estar a frente com um e avaliar aspectos da sua personalidade.

João, irei chamá-lo dessa forma, tinha, na época, dezenove anos. Os manuais nos ensinam que com dezoito anos o indivíduo já pode receber um diagnóstico relacionado a um transtorno da personalidade. A psicopatia é um transtorno da personalidade. Quando iniciei a entrevista, no entanto, eu não havia nem poderia ter, antecipadamente, diagnosticado João. Embora muitos indivíduos sejam, com uma certa frequência, classificados como psicopatas pelo senso comum, apenas em função dos seus crimes inicialmente só posso ressaltar que, em termos mais científicos, as coisas funcionam de um modo diferente.

Minhas primeiras perguntas naquela manhã foram sobre o que ele fazia antes de ser privado de liberdade ou, literalmente, o que fazia antes de ser preso. Na sequência, contou o que fazia para passar o tempo. Perguntei ainda se conseguia ficar algum tempo parado ou estava sempre correndo atrás de coisas para fazer.

Todas as respostas de João sugeriam, desde o primeiro momento, uma necessidade constante de buscar estimulação. O que representa uma das características de um psicopata e, portanto, um dentre os vinte itens que constavam no instrumento de avaliação que eu estava usando. No entanto, embora suas respostas iniciais sugerissem isso, era preciso investigar mais antes de atribuir qualquer pontuação nesse item.

Logo depois de fazer essas perguntas, passamos a falar do seu tempo de colégio. Busquei saber como era sua relação com colegas e professores, sua propensão a assumir ou não assumir compromissos, se dividir tarefas ou simplesmente a se livrar delas usando alguns colegas para atingir seus objetivos. Depois de escutar uma dessas perguntas, de forma quase pausada, João respondeu:

— Teve uma época que eu ameaçava quebrar o cara se não fizesse algo para mim, mas eu não fazia o que os professores pediam, nunca gostei de fazer.

Logo depois, perguntei:

— Chegou a bater em alguém para isso?

— Já bati. Mais de uma vez. Tive que mostrar que eu não tava brincando.

João demonstrava que realmente não estava brincando quando fazia tais coisas já em idade escolar. Estava, de outro modo, manifestando algumas tendências antissociais precoces. Agia como alguém que, ao longo do seu desenvolvimento, estava propenso a tornar-se um psicopata. Autores mais atuais afirmariam que ele estava cometendo *bullying*, uma violência física e psicológica contra seus pares. Mas, além disso, o jovem que entrevistei naquela manhã estava, já naquela etapa da sua vida, manifestando sinais de um estilo de vida parasitário. Em outras palavras, alguém que usa outro alguém de forma instrumental, como um modo de poupar seus próprios esforços.

Quando menciono uma ou duas características da psicopatia, sejam elas quais forem, em palestras, aulas e cursos que ministro sobre o tema, não são raras as vezes que escuto frases do tipo: "Mas eu conheço pessoas que têm essas características e não são psicopatas".

Antes de avançar na narrativa que me permitirá algumas análises sobre o que define a condição de ser um psicopata, nada mais oportuno do que explicar o que, por si só, não define um psicopata. Pela experiência adquirida, em circunstâncias já citadas, sei que isso evita aquilo que eu chamo aqui de Declive Escorregadio do Fracionamento. Ou seja, dizer que dois dentre vinte aspectos são considerados para o diagnóstico da psicopatia é, matematicamente falando, dizer apenas que estamos falando de uma décima parte dos critérios que devem ser avaliadas quanto a um transtorno da personalidade. O fato de que psicopatas tendem a ser, dentre várias outras coisas, parasitas que buscam constantemente estimulação, isso não significa que qualquer jovem desocupado que goste de saltar de paraquedas seja um psicopata.

Atualmente, quando alguém afirma que conhece outro alguém com duas ou três características da psicopatia e que não é um psicopata, procuro salientar que também conheço depressivos que sorriem e vestibulandos tensos que não sofrem de ansiedade generalizada. Acaba sendo oportuno enfatizar, em alguns momentos e até mesmo para colegas de profissão, que uma síndrome diz respeito a um conjunto de sintomas e não menos do que isso.

Não pretendo, nas páginas que seguem, descrever todos os itens do instrumento que usei para avaliar João naquela manhã. Tratam-se de vinte itens distintos. Mas, para, posteriormente, discorrer sobre o bem, o mal e as ciências da mente, irei, em um primeiro momento, deter-me em alguns aspectos essenciais do funcionamento de um psicopata. Esses aspectos são contemplados em uma escala que avalia o transtorno.

A entrevista prosseguiu.

Em diferentes momentos, João esboçava um sorriso. Quando falou dos amigos, sorriu com mais frequência. Disse ter muitos amigos e nunca ter deixado "ninguém na mão".

— Todo mundo que me conhece confia em mim, sabe que eu não sou de deixar ninguém numa pior.

Essas foram algumas de suas palavras, um pouco antes de levar a mão até o queixo e expressar um sorriso mais largo.

Ainda que a avaliação estivesse no início, já era possível perceber o quanto João buscava modular seus sorrisos enquanto falava. Geralmente, ao final de algumas poucas frases, podia observar seu lábio superior sendo puxado em um sorriso que se iniciava, mas havia pouca ou quase nenhuma espontaneidade nesse movimento.

Sorrir muito ou pouco quando alguém está diante de um interlocutor qualquer não significa nada. No entanto, nesse caso, já era visível o quanto João empreendia uma busca por alianças ao falar. Procurava trazer-me diretamente para o seu ponto de vista sobre os fatos que mencionava. Acima de tudo, tentava manipular as impressões causadas em cada parte da sua fala.

Quando perguntei o que já havia feito de mais bacana para ajudar um amigo, sua resposta foi evasiva e não menos sorridente.

— Sei lá, doutor, já fiz tanta coisa. É como eu disse, sou um cara que nunca deixo ninguém na mão.

— Poderia dar alguns exemplos, contar detalhes? — perguntei, olhando diretamente nos seus olhos.

— Ah! sei lá! Já dei dinheiro para quem precisava.

Logo depois, João fez uma pausa e prosseguiu, com uma expressão na qual ainda era possível observar sinais de um sorriso não finalizado.

— Se eu for contar, acho que não paro mais.

João tentava me convencer, naquele momento, que era amigo de todos, mas revelava, por outro lado, não ser amigo de ninguém. Nada de fatos marcantes, lembranças do que genuinamente fez para ajudar algum amigo ou mesmo lembranças relacionadas ao que algum amigo fez para ajudá-lo. A partir dessas perguntas, surgiam apenas indícios de uma capacidade comprometida de estabelecer vínculos significativos ao longo de uma vida. Indícios que se tornaram ainda mais evidentes quando falamos sobre sua família.

Naquele mesmo local e naquela mesma sala, eu já havia entrevistado uma grande quantidade de jovens, alguns mais velhos, outros mais novos. Inúmeros deles relatavam situações nas quais seus vínculos afetivos eram frágeis. De modo geral, situações de abandono e maus-tratos na infância tendem a comprometer a própria capacidade de estabelecer vínculos afetivos em outras etapas da vida. Mas o que estava em questão, e o que deve estar em questão em avaliações psicológicas desse tipo, não é somente uma espécie de hostilidade reativa diante de circunstâncias adversas. Trata-se de distanciamento afetivo no verdadeiro sentido do termo. Dizer que uma coisa está distante da outra não é, entretanto, o mesmo que dizer que uma coisa afastou-se da outra.

Essa pode ser uma explicação até certo ponto abstrata e um tanto quanto técnica sobre o assunto, mas vale a pena considerá-la para que os objetivos deste capítulo fiquem mais claros. Afinal, conforme já destaquei, ainda não estou procurando mostrar o que está por trás da psicopatia e sim, de forma sintética, como é estar na frente de alguém com esse transtorno.

O embotamento, ou seja, a própria dificuldade de expressar emoções e sentimentos ou mesmo a manifestação de raiva são reações diante daquilo que nos atinge negativamente e, sempre que possível, procuramos nos afastar daquilo que nos atinge negativamente. Mas o distanciamento, que não é o mesmo que afastamento, pode ser uma condição que independe de termos sido afetados. Essa distância pode não ter sido decorrente de uma reação, mas, principalmente, de uma baixa capacidade de aproximação. Um psicopata pode não ter se afastado, ele apenas não vivenciou situações que viabilizassem aproximações no campo afetivo. O entendimento desses aspectos é importante para uma compreensão verdadeira daquilo que pretendo elucidar em outros capítulos deste livro.

Passamos a falar então de família.

— Eu tava mal. Visitei ele uma vez e foi difícil. Foi bem difícil. Sabe como é, eu era bem apegado com o meu vô. — Foi a resposta dada por João quando falamos de situações de doença de um ou outro familiar.

Não identifiquei, em suas palavras, naquele momento, e, menos ainda em seus comportamentos não verbais, sinais de embotamento. Estava diante de alguém que era inexpressivo em termos emocionais e que, ao mesmo tempo, não mostrava sinais de guardar as emoções para si. Possivelmente, uma inexpressividade decorrente do próprio fato de não haver vivenciado as emoções que, naquele momento, estava mencionando.

Apesar dessas constatações, o quebra-cabeça que me permitiria entender a sua vida afetiva não estava montado. Quando, com outros colegas de pesquisa, recebemos treinamento para realizar entrevistas dessa natureza, esse havia sido um ponto recorrente. Havia a necessidade de observar aspectos mais gerais do quadro, sem sucumbir a qualquer atalho no processo diagnóstico.

Minha entrevista estava no início e prosseguiu. Se, em outros aspectos da vida daquele indivíduo eu pudesse observar dados congruentes com as impressões iniciais ou mesmo informações confirmatórias de outras fontes, então realmente estaria diante de um psicopata. Aquela não teria sido a primeira vez, ainda que tenha sido uma das ocasiões consideradas por mim emblemáticas. Naquele momento, no entanto, só havia a indiscutível certeza de que, independentemente de qualquer hipótese, era necessário investigar mais.

Mais algum tempo passou-se e novas perguntas vieram. Em um determinado momento, perguntei sobre seus planos, sobre o que pretendia fazer quando saísse daquele lugar. Não havia, no entanto, qualquer tipo de meta, ainda que precariamente estabelecida. Jovens da sua idade, principalmente aqueles que se encontram em condições sociais de privação, costumam pensar pouco no futuro. Por outro lado, não estava me valendo de índices absolutos para pontuar esse critério. Estava comparando-o a outros tantos jovens, na mesma idade e nas mesmas condições, já entrevistados. Nesse sentido, só posso dizer que sua ausência de objetivos era mais saliente do que se poderia esperar naquele mesmo contexto.

— Não sei, não pensei nisso ainda.

Essas foram suas palavras, acompanhadas de um movimento sutil com os ombros, tão logo perguntei sobre seus planos. Quando fiz essa pergunta, lembrei-o também de que estaria determinando o tempo máximo de reclusão em alguns meses.

Depois de continuarmos a conversa sobre outros aspectos da sua vida, chegou então um momento que, dentre outros, poderia mostrar-se revelador na entrevista, ou seja, o momento de falar dos motivos que o levaram para lá.

— João, não conversamos sobre isso ainda e gostaria de saber o que te fez cair aqui. — Fiz uma ligeira pausa após essa pergunta e complementei-a logo depois. — Podemos falar sobre isso?

Não houve uma resposta direta para a última pergunta. Mas, com uma certa ênfase e sem se tornar menos natural por isso, João falou apenas:

— Um cinco sete.

— Matou para roubar? — perguntei logo depois.

— Matei quando o cara reagiu — respondeu, erguendo um pouco os braços com as palmas da mão para cima, num gesto que parecia insinuar que não houve outra coisa a fazer.

— Fale um pouco mais sobre o que aconteceu.

— Foi um assalto que fiz com um parceiro. Foi numa relojoaria. O cara segurou meu parceiro pelo braço e eu tive que dar três tiros no peito dele.

— Naquele momento, fiz uma pergunta um pouco fora do roteiro. Mas estava usando técnicas relacionadas a uma entrevista semiestruturada. Não era, portanto, um simples questionário. Havia uma certa flexibilidade nesse percurso.

— Já entrevistei alguns outros aqui que optaram por dar um tiro para o alto e até na perna quando alguém reagiu. Não pensou em atirar na perna dele?

João mexeu lentamente a cabeça para um lado e para outro, em um gesto de negação, e falou:

— O cara reagiu a um assalto. Eu acho que quem reage a um assalto é um tremendo otário. Não acha, doutor?

De uma forma indireta e um tanto quanto peculiar, ele havia respondido a minha pergunta. Ficou claro que ele realmente não havia pensado em fazer outra coisa a não ser atirar no peito da vítima. Também ficou claro que não era uma questão de pragmatismo. Outras alternativas poderiam até funcionar. Ele não contestou isso. Apenas enxergou quem reagiu como alguém que, sendo um otário, poderia muito bem morrer. Então continuei:

— E depois, como foi depois? Ficou achando que pegou pesado, que podia ter feito a coisa de outro jeito? — perguntei, procurando não expressar qualquer sinal de aprovação ou reprovação diante das suas palavras. Estava tentando avaliar tendências comportamentais que pudessem estar por trás dos fatos. Sendo assim, emitir juízos de valor sobre esses mesmos fatos seria, em certo sentido, "travar" a entrevista.

— Depois? Nem pensei. O que tava feito, tava feito. O senhor não concorda que depois de feito não tem mais como voltar atrás?

João manifestava sinais de estar à vontade, buscando, mais uma vez, sustentar qualquer aliança que pudesse significar, nesse caso, concordância. Cheguei a fazer apenas um gesto pouco expressivo com a cabeça e logo depois perguntei:

— Mas, sabe como é, às vezes nós temos esse tipo de pensamento. Você chegou a ter?

— Não, não tive não.

— Ok! Respondi, balançando novamente a cabeça.

— E o que mais, João, o que mais você fez?

— Ah! me acusaram de outro crime aí, mas esse eu não fiz. Disseram que eu fiz, mas eu não fiz. — Foram suas palavras, com uma expressão ou pouco mais séria, mas, ainda assim, sem sinais mais evidentes de raiva.

— E qual foi esse outro crime?

— Disseram que eu matei um cara que morava na minha rua. Na verdade, eu só tava junto com quem matou.

— Matou de que forma? — perguntei.

— Com três facadas

— E onde você entrou nessa? — Fiz, nesse momento, uma pergunta mais aberta para observar melhor o tipo de resposta que seria dado.

— Eu tava no meio da briga. Até assumo que segurei o cara para o outro esfaquear, mas foi só isso. Agora tão me acusando de ter esfaqueado.

João parou, contraiu levemente os lábios, e depois continuou:

— Tão dizendo que eu fiz isso só porque tem um cara lá na rua, que todo mundo sabe que não vai com a minha cara, que é primo do cara que morreu e resolveu inventar que fui eu. Resolveu dizer que viu tudo.

— Mas você ajudou. — Afirmei com mais ênfase, procurando analisar melhor como João reagia quando confrontado.

Não houve sinais mais claros de irritação na sua resposta, ainda que tenha levantado um pouco o tom de voz e evidenciando, a partir da resposta, sua incapacidade de aceitar a responsabilidade pelos próprios atos.

— Ajudei, mas não matei. São coisas bem diferentes.

— Bem diferentes? — perguntei e, logo depois, fiz uma pausa, olhando-o fixamente. Prossegui com outra pergunta:

— Tá arrependido de ter ajudado?

— É, tô, né! Se eu não tivesse me envolvido nisso não estaria aqui.

Pensou um pouco mais e complementou:

— Já era para eu tá na rua, fazendo festa aí fora.

João demonstrava insatisfação com as consequências dos seus atos, mas isso nada tem a ver com remorso. Não houve, até essa parte da conversa, ou mesmo em momentos subsequentes, qualquer tipo de alusão às vítimas. Em algumas entrevistas, chego a deparar-me com uma alusão muito breve ou mesmo superficial quanto ao fato de uma vida ter sido tirada. Não se trata, no entanto, de mencionar ou não o desfecho reservado para a vítima, seja em um latrocínio ou em uma briga ocasional. Trata-se de evidenciar ou não evidenciar sinais de remorso. Nesse caso, nem mesmo lembrar que em tais situações houve vítimas fatais era algo verdadeiramente sugestivo quanto à própria falta de remorso.

O aspecto essencial disso também não estava no fato de o avaliado ter protagonizado uma, duas ou talvez três situações de crime contra a vida. Já entrevistei presidiários que tiraram a vida de mais de uma pessoa e não pontuaram o suficiente para serem considerados psicopatas em uma das versões da escala que estava usando. A psicopatia só pode ser entendida como um transtorno de personalidade e não como uma condição psíquica atrelada a atos antijurídicos mais graves. Eram, portanto, as circunstâncias e a forma de se colocar diante delas e não os crimes cometidos que poderiam dizer mais sobre a sua personalidade. João estava arrependido, mas se arrependia do próprio fato de, diante da situação na qual se encontrava, estar agora privado de liberdade, sem poder, conforme suas palavras, estar fazendo festa na rua.

Perguntei então se houve algum outro fato parecido, pelo qual ele não estava respondendo ou já houvesse respondido. Em determinadas circunstâncias, seria esperado que alguém na sua condição não falasse sobre isso. Mas aquela era uma situação um pouco diferente. Era uma situação de pesquisa e já havia ficado claro para ele que eu não estava ali para julgá-lo, absolvê-lo ou mesmo para apurar fatos na tentativa de produzir outras acusações. Estava ali na condição de um acadêmico e não de um servidor da justiça.

João contou então sobre uma vez que atirou em um cara, mas não matou. Isso fez com que ficasse privado de liberdade na mesma instituição alguns anos antes.

— Como foi isso? — perguntei, buscando saber maiores detalhes

— Foi quando me convidaram para tomar uma boca. Uns caras que andavam comigo e já traficavam me disseram que poderíamos ganhar dinheiro fácil se ajudássemos a pegar uma boca. Aí então um desses caras me passou uma arma e eu fui. — respondeu, demonstrando um certo esforço para lembrar dos detalhes. — Fui o primeiro a entrar e aí acabei atirando.

— E o que te fez atirar? — perguntei, enquanto me acomodava na cadeira.

— Eu não ia dar mole para o cara. Sabia que ele também tinha uma arma lá e então já cheguei atirando.

— Mas por que tomou a frente nisso? — perguntei logo depois.

— Um outro parceiro meu que também foi convidado ficou vacilando. Aí eu peguei a arma e disse que topava fazer, aí ele também topou.

— E quanto ao cara que levou o tiro?

— É como eu tava dizendo, era só ele lá, mas podia reagir a qualquer momento, eu não esperei isso acontecer. Fui mais esperto que ele.

Dessa vez, esperei um pouco mais antes de perguntar novamente, mas logo depois falei:

— A ideia era matar?

— Claro — respondeu João —, era ele ou eu. Só que o desgraçado não morreu. O tiro pegou no braço e ele saiu correndo pelos fundos e eu ainda dei mais dois tiros e nenhum acertou.

— E o teu parceiro?

— Ele tava logo atrás de mim. Entrou quase junto comigo. Eu lembro que ele até me deu força e disse que foi melhor eu ter atirado.

— Ele era mais velho do que tu, o teu parceiro?

— Era uns três anos mais velho.

— E o que aconteceu depois?

— Depois quando? — Foram suas palavras, demonstrando que não havia entendido a minha pergunta.

— Depois desse fato, vocês conseguiram tomar a boca que era desse sujeito?

João manifestou um sorriso mais espontâneo, dessa vez acompanhado de alguns sinais de orgulho, quando respondeu minha pergunta:

— Claro! Já era! Ficamos com ela.

— Quanto tempo? — perguntei logo depois

— Ah! Acho que uns três meses. Depois a gente caiu fora. A maior parte do dinheiro acabava indo para o cara que mandava em tudo lá, o mesmo cara que tinha largado as armas na nossa mão.

— Foram duas armas?

— É, uma para mim e uma para o meu parceiro, mas quem entrou atirando fui eu, ele nem usou a outra arma.

Para saber mais sobre as emoções que João experimentava ou não experimentava quando agia dessa maneira, continuei com algumas perguntas que estavam ligeiramente fora do roteiro de entrevista, mas que, dadas as circunstâncias, eram adequadas.

— Não ficou com medo que o cara voltasse lá para acertar as contas com vocês?

— Eu não — respondeu João. Sabia que o cara era um merda qualquer. Ele continuava lá só porque ninguém tinha tirado ele de lá. É assim que funciona, doutor. Chega alguém maior e leva. Se o cara não se garantiu, azar dele.

João continuou, mostrando-se um pouco mais prolixo do que até então havia sido.

— Se o senhor tivesse uma boca que desse dinheiro, iria saber que tinha muita gente querendo pegar. Então o senhor teria que ser mais esperto, mais ligeiro. É assim que funciona. Isso aconteceu com um camarada meu que levou três tiros porque vacilou. Já era. É por isso que eu acho que não vale a pena nesse negócio de traficar.

Aproveitei o comentário de João para uma pergunta sobre amizade, um pouco semelhante a outras que já havia feito momentos antes.

— E esse teu camarada que morreu, era próximo, era um amigo?

— Ih! Um cara nota dez, nota cem para dizer a verdade. Cheguei a namorar a irmã dele, mas durou pouco, não sou de me prender. — João respondeu, levantando um pouco as sobrancelhas para salientar o que estava dizendo.

— E como ficou quando soube que ele já era? Lembra desse dia, lembra quem te deu a notícia que ele morreu?

— Não lembro muito bem, já faz uns três anos, mas fique mal, né! Eu gostava mesmo daquele cara.

Novamente, só era possível constatar indícios de um vínculo superficial com alguém que João dizia ser próximo. Novamente não se tratava de embotamento afetivo. Nada que sugerisse um luto difícil de ser elaborado ou um assunto difícil de ser tratado. Houve ocasiões, nas entrevistas que já fiz avaliando adolescentes e adultos, que o entrevistado simplesmente pediu para não falar mais sobre o assunto e, certamente, acabei por respeitar esses pedidos. Nesse caso, o avaliado não falava do assunto pelo simples fato de que pouco ou quase nada tinha a dizer. Por mais abstrato que seja um sentimento e por mais difícil que seja colocá-lo em palavras, muitas vezes o próprio fato de não achar as palavras diz muita coisa. Mas João não teve nem mesmo dificuldade para encontrar palavras. O chamado "tempo de latência" entre a minha pergunta e a sua resposta foi mínimo e mostrou apenas que ele não lembrava de um fato supostamente marcante em sua própria história. Em termos daquilo que os psicólogos cognitivos chamam de memória autobiográfica, parecia faltar um componente emocional que pudesse facilitar a lembrança daqueles episódios. Não havia, em sua breve fala a respeito da morte de um amigo, sentimentos competindo com palavras e não houve, por certo, palavras para expressar aquilo que estava ausente.

É um erro pensar que alguns poucos indícios verbais ou não verbais falam por si, evidenciando aquilo que um sujeito é ou deixa de ser. Isoladamente, eles nada dizem. Mas era o que estava sendo evidenciado era uma congruência inicial de sintomas distintos. Uma congruência que só pode ser constatada a partir de uma avaliação criteriosa capaz de considerar esses indícios conjuntamente.

Naquele momento, minha entrevista já estava na metade. Pela janela, conseguia perceber que a manhã continuava ensolarada. Olhei-a por alguns instantes e, logo em seguida, tentei não me distrair com estímulos externos. Voltei então para o roteiro da entrevista contido em algumas folhas que segurava nas mãos. E então continuei:

— Eu já havia adiantado essa pergunta, mas quero voltar para ela. Não chegou a pensar no que vai fazer quando sair daqui, nem mesmo quando fiz a pergunta antes?

— Não, pior é que não mesmo. Vejo cara aqui dentro dizendo que vai fazer isso, que vai fazer aquilo, eu prefiro esperar para ver o que acontece.

Logo depois de uma pequena parada, continuou:

— Tem até cara que diz que vai assaltar tal lugar depois de sair daqui, que já está tudo esquematizado. Só que, às vezes, o cara não sabe nem quando vai sair daqui e fica com esse papinho de que vai fazer, que vai acontecer...

— Já pensou em fazer esse tipo de coisa quando sair daqui? — perguntei, interrompendo-o pela primeira vez durante a entrevista.

— Não, eu até acho engraçado quando alguém vem falar disso comigo e me convidar.

Propositalmente, havia voltado aquele item para explorar melhor um determinado ponto da entrevista. Mais especificamente, um item do *check-list* relacionado à ausência de objetivos. Lembro-me de que, nas primeiras entrevistas que fiz para avaliar traços de psicopatia em adolescentes e em adultos, empreendi um certo esforço para não me valer de qualquer juízo de valor na pontuação do item. João estava confirmando as impressões iniciais relacionadas a uma completa ausência de objetivos, mas a pergunta é quem, naquelas condições, teria objetivos bem estabelecidos?

A resposta para essa mesma pergunta, ironicamente, está contida na própria resposta que João deu quando retomei esse ponto. Ou seja, aqueles que o convidaram para tais assaltos tinham.

Independentemente de quem eram as pessoas que o convidaram, uma coisa era certa, estavam, mesmo sem saber, manifestando sinais de que não apresentavam, tal como João, uma capacidade tão reduzida de planejar o futuro. Não estavam, portanto, manifestando uma das características marcantes em muitos psicopatas. Não importa o fato de não haver nada de louvável nesses convites, considerando que estes envolviam o planejamento de novos delitos. O item em questão não recebe pontuação máxima quando se constata uma ausência de objetivos nobres, mas sim quando se constata uma ausência de qualquer objetivo. Pouco importava se eu aprovava ou desaprovava tais planos. Afinal, estava avaliando um dos sintomas da psicopatia e não as reais condições para que o meu avaliado recebesse o prêmio de cidadão do ano. Mas acho que não nos desvinculamos inteiramente dessa postura valorativa já na primeira entrevista. Avaliar adequadamente se alguém é ou não um psicopata requer experiência, uma experiência que, por sua vez, tem a ver com uma espécie de atenção não valorativa.

De outro modo, quando usamos um instrumento psicométrico para quantificar sintomas ligados a um transtorno de personalidade, não devemos esperar que o diagnóstico contemple, necessariamente, a presença acentuada de todos esses sintomas. Quando, depois de um cruzamento de informações e da entrevista daquela manhã, recorri aos números para pontuar esses sintomas, estabeleci, por exemplo, uma pontuação intermediária para o item "estilo de vida parasitário".

João, em algumas ocasiões, tomou iniciativas, sem transferir esforços para outro alguém que pudesse ser explorado em tais ocasiões. Uma delas se refere à invasão do ponto de tráfico por ele descrita. Seu companheiro teve dúvidas e ele decidiu tomar a frente. Novamente, é necessário ressaltar que pouco importa se os fins eram nobres ou não. Importava o fato de que, ao longo da entrevista, os dados obtidos sugeriam uma propensão para economizar esforços e se comportar de forma parasitária, porém, até certo ponto. Quando os outros não demonstravam ser capazes de assumir plenamente uma tarefa, ele agia sem depender dos demais.

Eu estava pontuando vinte aspectos da psicopatia. Considerando que as pontuações variavam de zero a dois, o máximo da pontuação que poderia ser atribuída a um indivíduo seria quarenta. Até o momento, no entanto, nunca entrevistei um adolescente ou um adulto que pontuasse quarenta em qualquer uma das duas versões já utilizadas dessa escala. Às vezes, um psicopata adulto ou um adolescente com traços de psicopatia pode apresentar um somatório de comportamentos antissociais significativos, mas pode, por exemplo, não ser totalmente irresponsável no seu dia a dia, demonstrando um certo zelo para não quebrar compromissos assumidos, mesmo que seja com os seus comparsas. Pode não ser completamente impulsivo, demonstrando, de outro modo, uma relativa premeditação e ponderação antes de cometer um delito. Pode ser alguém que avalia as consequências dos seus atos como forma de evitar situações de risco pessoal quando comete um crime. Essas são algumas das características de um psicopata que devem ser avaliadas. Mas avaliá-las não é o mesmo que usar algoritmos isolados ou fórmulas imutáveis. Em outras palavras, qualquer avaliador um pouco mais experiente sabe que não há condições *sine qua non* nesse processo. De nada adianta postular, por exemplo, que, não sendo possível verificar sinais de impulsividade, descartar prematuramente as chances de psicopatia. Essas considerações atestam, inclusive para leitores menos familiarizados com o assunto, que o diagnóstico é estritamente técnico. Mesmo quando ministro cursos de curta duração para psicólogos e psiquiatras sobre a avaliação da psicopatia, faço questão de ressaltar que aquelas poucas horas servirão tão somente para uma familiarização inicial com o método. Afinal, trata-se de uma das entrevistas mais difíceis de serem conduzidas em termos de processo psicodiagnóstico. Este não é, portanto, um livro que ensina como avaliar psicopatas, embora eu esteja certo de que algumas considerações aqui contidas sobre a dinâmica das entrevistas poderão ser úteis para estudantes e profissionais da área. Poderão ainda aguçar a curiosidade do público leigo para outras leituras complementares e mais aprofundadas, já que esse deve ser o principal papel da divulgação científica.

Mais de uma hora havia se passado e a entrevista começava a encaminhar-se para o final. Meu objetivo passava a ser, naquele momento, pontuar a versatilidade criminal do avaliado ou, dito de outro modo, sua propensão para ações criminosas diversificadas.

— Eu tenho aqui uma relação de alguns crimes e gostaria de perguntar em quais deles você já se envolveu. Vou começar perguntando sobre falsificar dinheiro ou passar dinheiro falsificado, você já fez isso? — perguntei.

— Já passei dinheiro falso, uns caras que eu conhecia me passaram notas e eu comprei algumas coisas.

— Sabendo que era falso? — perguntei, para ter a certeza do seu envolvimento no ato.

— É, eu sabia que era. — João respondeu, fazendo um sinal afirmativo com a cabeça.

— Já dirigiu, roubou algum carro — perguntei logo depois.

— Já roubei carro mais de uma vez para fazer pega. Nunca vendi carro usado nem levei para desmanche. Mas eu já roubei para fazer pega e depois larguei.

— Só pela sensação de roubar? — perguntei, buscando confirmar as informações já obtidas sobre a sua necessidade de estimulação.

— Foi para fazer pega, para apostar. Aí você tem que ter um carro melhor para correr, já que vai apostar. Para não perder dinheiro. Se vai com qualquer carroça, perde. Um camarada meu queria correr com os caras valendo dinheiro com um carro todo detonado que era de um tio dele. Aí eu disse que era mais negócio pegar um carro com motor dois ponto zero e apostar com os caras.

— Fizeram isso? Pegaram o carro e apostaram um pega? — Foi a pergunta que fiz logo depois.

— Pegamos um Astra e deixamos os caras comendo poeira. Eu me viro bem na direção. É só ter um carro bom que ninguém me deixa pra trás.

Embora meu objetivo, naquele momento, fosse quantificar delitos, não pude deixar de observar que João, em diferentes momentos da entrevista, superestimava suas habilidades. Havia agido de forma semelhante quando perguntei sobre as brigas em que esteve envolvido. Contou que não era de levar desaforo e usou uma expressão parecida, afirmando que sabia se virar muito bem em uma briga. Um senso de autoestima inflado é uma outra característica da psicopatia. Alguns estudiosos já chegaram a supor que a psicopatia seria uma espécie de transtorno de personalidade narcisista com variações muito específicas, envolvendo tendências antissociais acentuadas. Essa equiparação é, de certo modo, problemática[1]. O narcisismo que se verifica em psicopatas está mais atrelado a uma condição na qual o sujeito se centra em seu próprio mundo pelo fato de ser pouco tocado por tudo aquilo que diz respeito ao mundo alheio. Uma espécie de "narcisismo maligno", como definem alguns pesquisadores. Mas, no transtorno de personalidade narcisista propriamente dito, não há o mesmo grau de indiferença ao outro. O indivíduo busca apenas, de todas as formas, mostrar que é melhor que os demais. Mas essa condição não o torna propenso a agir contra os seus semelhantes. É como se o afastamento assumido por um indivíduo com esse transtorno pudesse ser mais bem descrito a partir de uma verticalidade. Ou seja, o indivíduo supõe estar acima dos demais, mas penso que essa condição, por si só, pouco se assemelha à chamada frieza do psicopata. A superestima é, no entanto, uma das características da psicopatia medida pelo instrumento que eu estava usando naquela manhã.

Perguntei então sobre outros delitos cometidos.
— Já invadiu alguma residência, destruiu a casa de alguém?
— Já toquei fogo na casa de um cara que me devia dinheiro.
— Tinha alguém na casa?
— Não, ele nem ficou sabendo que fui eu. Eu tinha uns dezesseis anos. O cara devia dinheiro, pegou um dinheiro comigo e com o meu primo. Aí nunca pagou. Toda vez que eu perguntava quando ia pagar, ficava de conversa mole. Aí então, numa noite que eu sabia que o cara não tava em casa, falei com o meu primo. Ele conseguiu gasolina, puxou do carro do pai dele. Eu lembro que cada um colocou gasolina em duas garrafas pet. Foi só a gente entrar lá e começou a largar gasolina em tudo. Um pouco no sofá, um pouco no chão, nas paredes, até na televisão do cara eu coloquei gasolina.

Nesse momento, João deu uma risada e logo depois continuou:
— Foi pra queimar tudo mesmo. Depois que tudo tá com gasolina, aí é só jogar alguma coisa acesa que o fogo pega fácil. Pegamos pedaços de jornal e colocamos fogo em tudo. Depois, corri com ele para um terreno abandonado que tinha no fundo pra olhar tudo queimando.

João riu novamente assim que terminou de relatar o fato.

Suas lembranças eram bem mais nítidas dessa vez. Pouco lembrava do dia em que morreu um amigo de que dizia gostar, mas era bem mais preciso quando descrevia a forma como colocou fogo naquela casa. Eu só podia supor que seu sistema neuroendócrino estava mais ativo na condição de incendiário vingativo do que na condição de amigo enlutado. O conteúdo emocional de um evento está sempre envolvido nos mecanismos de retenção e recuperação da memória. De qualquer forma, eu não estava buscando comparar diferentes desempenhos mnêmicos. Em uma entrevista semiestruturada, às vezes essas nuances surgem. Costumo dizer que abordar os diferentes tópicos que integram uma entrevista desse tipo é como se colocar, sucessivamente, diante de algumas janelas em lados distintos de uma mesma sala. Quem está diante de uma janela voltada para o leste não poderá olhar para o oeste. Por outro lado, certos estímulos vão surgindo quando olhamos nessas mesmas janelas e uma certa flexibilidade em escolher para onde olhar pode fazer a diferença.

Na sequência dessa conversa, descobri ainda que as manifestações de algumas tendências "piromaníacas" do jovem que estava avaliando eram ainda mais precoces. Já havia colocado fogo em bancos de praça, telefones públicos e, aos doze anos de idade, tentou, em dois momentos diferentes, queimar um cão de rua, mas acabou sendo impedido pelo irmão mais velho.

A versatilidade dos atos antissociais de João era ampla, sendo que uma parte desses mesmos atos dizia respeito a bens tutelados pelo Estado. Em outras palavras, caracterizam-se como atos infracionais na adolescência e crimes na idade adulta. Em parte, isso explicava-se pelo próprio fato de haver menor planejamento em suas ações. Atitudes intempestivas e juventude costumam andar juntas. Mas, mais uma vez, devo salientar que meus parâmetros também levavam em consideração um contexto específico. Se é um fato que adolescentes e jovens adultos costumam ser mais impulsivos, também era um fato que a impulsividade daquele jovem estava além daquilo que comumente pude observar em seus pares. Não se pode descartar a existência de um transtorno desse tipo ou mesmo de traços que sugerem uma maior propensão para a sua consolidação na idade adulta, a partir de uma visão meramente relativista. No entanto, qualquer avaliador minimamente preparado deve saber que a verificação dos sintomas depende de um relativismo ponderado. Isso não faz com que a psicopatia possa ser compreendida tão somente como uma construção social ou como uma realidade inventada por psicólogos e psiquiatras. Afirmar que a psicopatia só existe enquanto construção social é o mesmo que afirmar que a Terra não possui um polo norte. Afinal, o fato de que certas delimitações históricas nem sempre tenham coincidido com uma realidade geomagnética em nada refuta a existência dessa mesma realidade. Psicopatas existem, e o fato de que algumas delimitações nosográficas não sejam imunes a uma visão relativista só atesta a complexidade do processo diagnóstico e não a inexistência do fenômeno diagnosticado. Nos dois casos, estamos aludindo realidades que preexistem às nossas, por vezes, vãs abstrações. Inúmeros fenômenos simplesmente existem e continuarão existindo, independentemente de quanto iremos demorar para alcançar um modo perfeito de descrevê-los.

 Na sequência da entrevista, pude confirmar a versatilidade criminal de João. Falou sobre os roubos que já praticou, agressões, vandalismos e outros atos semelhantes. Fiz então uma pergunta um pouco menos ligada a fatos concretos. Perguntei se ele estava satisfeito com a pessoa que era ou pretendia mudar.

— Sei lá doutor, essa pergunta é meio difícil de responder.

Fez uma breve pausa e, logo depois, continuou:

— Tem coisas que até eu gostaria de mudar, e tem outras que não.

— Vamos ver alguns exemplos disso então. — Foi o comentário que fiz depois da sua resposta.

— Um exemplo do que eu gostaria de mudar? Gostaria de conseguir juntar mais dinheiro. Eu sempre gasto o que eu tenho, fazendo festa e comprando um monte de coisa. Meu irmão é diferente. Ele sempre soube guardar dinheiro. Hoje ele tem uma moto.

— Ele trabalha? — Foi a minha próxima pergunta, novamente um pouco fora do roteiro.

— Ele sempre trabalhou, desde quando tinha dezesseis anos. Eu é que não sou chegado nesse negócio de cumprir horário, essas coisas. Meu pai trouxe ele para morar com a gente depois que a mãe dele morreu. Sou irmão dele só por parte de pai e...

Naquele momento, senti que era hora de interromper novamente para voltar um pouco ao tema.

— Ok, mas falando ainda sobre o que você gostaria de mudar. Você queria ser como ele, um cara que trabalha, além de conseguir guardar dinheiro?

— Trabalhar assim eu acho até que não. Olhou para baixo e logo depois continuou. O cara fica lá na firma oito horas por dia e às vezes até tem que trabalhar no sábado. Ganha pouco e ainda tem que ficar escutando o chefe mandar. Tinha uma época que ele chegava todo estressado em casa. Eu queria era saber guardar o dinheiro como ele faz, mas acho que trabalhar tanto como ele não é para mim. Se for para buscar trabalho quando eu sair daqui, não pode ser desse jeito. Uma vez ele veio me visitar aqui e disse que queria tentar conseguir alguma coisa para mim na firma que ele trabalha. Eu disse que não. Disse que eu me virava quando saísse daqui.

— E o que mais? Existem outras coisas que gostaria de mudar em você?

— Acho que eu só pensei nisso mesmo. Já tive bastante dinheiro na minha mão e gastei tudo. É bom saber guardar.

Logo depois, forcei um pouco mais a pergunta.

— Você é a pessoa que gostaria de ser então? Sem grandes mudanças?

— É, posso dizer que sou sim. — Foi a sua resposta.

Respostas como essas apenas confirmavam que seus sintomas não eram aquilo que, em termos mais técnicos, denominam-se sintomas egodistônicos. Em outras palavras, exceto pela questão de guardar dinheiro, João estava satisfeito com aquilo que era. Não havia conflito interno. Alguém com um transtorno de personalidade obsessivo-compulsivo pode, por exemplo, lutar contra suas próprias tendências. Pode tentar ser menos meticuloso e buscar ser menos exigente em relação a uma constante necessidade de ordem à sua volta. Mas a psicopatia, nesse sentido, é um pouco diferente. Psicopatas não tendem a buscar tratamento clínico, alegando dificuldades de convivência decorrentes de suas próprias tendências. Trata-se de uma sintomatologia que tende a ser, de outro modo, egossintônica.

Em um abordagem específica que psiquiatras e psicólogos clínicos usam para tratar transtornos mentais, denominada Terapia Cognitiva, considera-se que algumas crenças centrais podem estar na base de algumas tendências comportamentais. Conforme essa mesma abordagem, indivíduos antissociais, manipuladores e mentirosos podem, por exemplo, apresentar crenças do tipo: "tenho o direito de quebrar regras"; "os outros são otários e covardes"; "sou melhor que os outros". Percebe-se que crenças desse tipo estão na contramão de uma insatisfação relacionada a tudo aquilo que o indivíduo é. Costuma não haver um desejo pleno de mudança, considerando o próprio modo como o indivíduo se enxerga em relação aos outros.

Minha pergunta seguinte, já no final da entrevista, foi então sobre algum fato marcante na sua vida. Uma lembrança agradável que ele chegou a ter no período em que esteve privado de liberdade.

— Uma lembrança agradável? — João perguntou, levando a mão até o queixo, pensou um pouco mais, parecendo entender a pergunta, mas sugerindo estar com dúvidas sobre o tipo de resposta que poderia dar.

— Acho que as melhores lembranças eram as festas que eu fazia. Uma época era quarta, quinta, sexta, sábado e domingo, sempre com dinheiro no bolso. Não tinha um final de semana que eu ficasse em casa. Eu tinha dinheiro pra gastar e tinha muita mulher. Foi antes de cair aqui.

— Alguma outra lembrança marcante? — perguntei.

— Não. O que eu lembro mais é isso e é do que eu mais sinto falta.

Não houve, nessas respostas, a descrição de situações que pudessem envolver vínculos afetivos mais consistentes. É perfeitamente normal que um jovem de dezenove anos sinta falta de festas, já escutei isso várias vezes nas entrevistas que realizei. No entanto, em algumas delas, constata-se que apenas fatos envolvendo uma espécie de estimulação sensorial são citados. João não destacou alguma lembrança envolvendo o simples prazer de estar com entes queridos, tal como eu já havia escutado diversas vezes quando entrevistei jovens na mesma faixa etária privados de liberdade. Nesse sentido, houve, tal como eu já presumia que pudesse haver, uma convergência de respostas sinalizando uma ampla sintomatologia relacionada a um transtorno de personalidade grave, a psicopatia.

Minha entrevista havia chegado ao fim. Agradeci a participação de João e perguntei se ele gostaria de fazer alguma pergunta ou dizer alguma coisa antes de encerrarmos a conversa. João perguntou apenas em que lugar eu era professor. Citei o nome da universidade e levantei, cumprimentando-o e, logo depois, conduzindo-o até a saída do pavilhão. Após uma hora e vinte cinco minutos de conversa em que estive sentado, desfrutei um pouco da sensação de estar em pé na sala. Logo depois, sentei-me para pontuar alguns itens da escala para os quais não houve necessidade de cruzar informações com outras fontes.

Ao término daquela avaliação, considerando a idade do avaliado, optei por estabelecer também a sua pontuação em uma outra versão da escala para adultos. No final daquele dia, depois que cheguei em casa e tive acesso a esse outro instrumento, estabeleci a pontuação final. João obteve trinta e cinco pontos, cinco pontos acima do índice que já é considerado indicativo para a ocorrência do transtorno. Obteve, portanto, trinta e cinco pontos em uma escala cujas pontuações totais podiam variar de zero até quarenta. Costumo dizer que pontuações de zero nessa escala estão reservadas para pessoas como Ghandi ou Madre Teresa de Calcutá. Em certa medida, é perfeitamente possível encontrar alguns sintomas antissociais em indivíduos que em nada se encaixam em um quadro de psicopatia.

Por outro lado, um transtorno de personalidade refere-se à própria exacerbação de aspectos que, até um certo nível, seriam considerados normais ou aceitáveis. Daí a importância de um diagnóstico cuidadoso e de um relativismo fundamentado no método e não no simples anseio por desconstruí-lo.

Não tenho a intenção de explicar, de forma pormenorizada, os recursos da Psicometria neste livro. Isso fugiria aos objetivos de uma obra que, principalmente nos seus capítulos finais, se aterá a uma espécie de condição existencial relacionada à psicopatia. No entanto, cabe ressaltar que quantificações como essas têm produzido bons resultados em termos de pesquisa. Essa afirmação ficará mais clara para o leitor nos próximos capítulos.

Sustento que achados nesse campo vêm se mostrando promissores e isso não diz respeito a qualquer uso jurídico para escalas que mensuram sintomas antissociais. Afirmo isso na condição de pesquisador ou mesmo de alguém que, em termos mais filosóficos, irá, neste livro, aventurar-se a pensar em questões sobre o bem e o mal. Atribuir valores numéricos a sintomas da psicopatia costuma mostrar-se útil para a ciência quando isso é feito de forma criteriosa. Do contrário, há sempre o risco de impressões clínicas simplistas. Não posso dizer que alguém é psicopata olhando a cor dos seus olhos ou o corte do seu cabelo. Também não posso dizer que alguém é psicopata considerando apenas o crime que cometeu. Muitos psicopatas financeiramente bem-sucedidos estão soltos, sem responder por nenhum ato antijurídico, considerando o próprio fato de que o nosso sistema penal tem uma clientela já estabelecida e socialmente desfavorecida.

João obteve trinta e cinco pontos em uma escala que foi adaptada para um contexto de privação de liberdade, estudos atuais evidenciam que, mesmo entre indivíduos privados de liberdade, a maioria não apresenta esse transtorno. Mas era nesse mesmo contexto que eu o estava avaliando. Sendo assim, essa quantificação era suficiente para dizer que João era um psicopata. Esse diagnóstico em nada influenciou a sua situação jurídica. Não era para isso que eu estava lá. Desde o início, deixei claro que ele não teria nada a perder com aquela avaliação, mas, por certo, também não teria nada a ganhar. Estava apenas me ajudando a fazer ciência. Nesse sentido, só posso ser grato pela sua colaboração, independentemente de tudo aquilo que ele tenha feito.

No capítulo seguinte, pretendo destacar algumas outras características da psicopatia que podem apresentar-se na entrevista. Para esses fins, uso dois exemplos famosos. Esses dois capítulos não irão capacitar o leitor a fazer avaliações que, conforme fiz questão de destacar, se revelam complexas. Descrevem, no entanto, um pouco mais a dinâmica envolvida nessas entrevistas, bem como as dificuldades que o entrevistador poderá encontrar.

O instrumento psicométrico que mencionei anteriormente chama-se Escala Hare. Leva esse nome pois foi elaborado e inicialmente validado pelo psicólogo canadense Robert Hare. Além de uma versão mais reduzida com doze itens que servem para triagens mais rápidas, apresenta também uma versão para jovens que permite a avaliação de traços de psicopatia, considerando o próprio fato de que o indivíduo, antes dos dezoito anos, não vivenciou completamente o processo de formação da personalidade. Dessa forma, não se pode inferir a existência de um transtorno de personalidade já consolidado antes dessa idade.

Nas versões citadas, as pontuações para cada item podem variar em valores que vão de zero até dois. A pontuação zero refere-se à ausência do sintoma, um para uma presença parcial do sintoma e dois à presença bem estabelecida do sintoma. Antes da elaboração desse instrumento, as pesquisas indicando uma base biopsicossocial para a psicopatia eram pouquíssimo conclusivas e estudos comparativos mais sistematizados eram praticamente impossíveis. Afinal, não havia como investigar claramente possíveis diferenças cerebrais entre indivíduos com e sem psicopatia se não podíamos separar, de forma mais confiável, indivíduos com e sem o transtorno.

Nos capítulos que seguem os dois primeiros, além de uma síntese sobre as principais características definidoras do transtorno, estarão presentes algumas explicações sobre a sua etiologia, ou seja, sobre as suas possíveis causas. Por último, deixarei de lado alguns aspectos mais relacionados à divulgação científica de estudos recentes, na tentativa de tecer considerações mais filosóficas sobre as implicações desses achados. Mas, antes de tudo isso, nada mais pertinente do que alguns exemplos emblemáticos para um melhor entendimento de algumas manifestações comportamentais desse transtorno.

Capítulo 2

AVALIANDO ALGUNS SINAIS DE MANIPULAÇÃO

Apesar de ter entrevistado uma série de adolescentes e adultos buscando avaliar traços de psicopatia nos primeiros ou sinais de um transtorno já consolidado nos últimos, por bastante tempo imaginei como seria entrevistar indivíduos tidos como emblemáticos desse quadro. Cheguei a pensar como seria conduzir a entrevista com alguém como Teddy Bundy, um serial killer que matou dezenas de mulheres na década de setenta em diferentes estados americanos. Intrigava-me, do mesmo modo, uma possível entrevista com Charles Manson, conhecido por induzir alguns jovens a cometer um verdadeiro massacre que teve como vítimas duas famílias residentes na cidade de Los Angeles.

Com toda certeza, não poderia entrevistar alguém que já se encontrava morto, tal como no primeiro caso, e acredito que seria bem difícil entrevistar o segundo, considerando sua idade avançada e as condições de acesso restrito ao local em que está preso. Entrevistá-los seria, portanto, uma façanha que estava além do meu alcance.

No entanto, certa vez, quando estava revendo o material para um curso breve que iria ministrar em um congresso, percebi, quase subitamente, que não poderia entrevistá-los, mas, sob determinados aspectos, poderia muito bem avaliá-los. Acredito que, em um primeiro momento, soe estranho afirmar que poderia avaliar aspectos de um transtorno cujo diagnóstico depende, em larga escala, de uma entrevista. Se tomada ao pé da letra, essa afirmação, por si só, representaria a antítese do que foi afirmado no capítulo anterior. Por outro lado, foi exatamente essa a minha constatação naquele dia. Ou seja, tive a certeza de que uma avaliação parcial desses indivíduos seria perfeitamente possível. Poderia também ser feita de um modo científico, ainda que bem menos conclusivo.

Antes de descrever como tornei viável a ideia de avaliar Teddy Bundy e Charles Manson sem nunca tê-los entrevistado, devo contar quem foram esses sujeitos. Essas breves informações podem expor a dimensão dos seus atos, ainda que não revelem todas as particularidades de suas personalidades.

Ted ou Teddy foi o apelido dado a Theodore Robert Cowel Bundy. Nascido em 24 de novembro de 1946, foi membro ativo do partido republicano, destacando-se por uma enorme eloquência. Chegou a iniciar diferentes cursos universitários, incluindo Psicologia. Por algum tempo, participou como voluntário de um serviço que prestava assistência emocional por telefone para pessoas em crise.

Não foi, no entanto, a sua voluntariedade para ajudar o próximo que o tornou mundialmente conhecido. Ted matou trinta e cinco mulheres ou mais, conseguindo atrair, a maior parte delas, para perto de um velho volkswagen antes que pudesse golpeá-las e jogá-las para dentro do automóvel. No ano de 1974, a polícia americana começou a encontrar crânios de garotas desaparecidas no parque estadual do Lago Sammamish, em Washington. Começavam a aparecer ali as primeiras evidências dos diversos assassinatos em série cometidos por Bundy. Todos tinham como vítimas garotas jovens, na sua maioria universitárias, com cabelos escuros e compridos que lembravam sua antiga e, ao que tudo indica, marcante namorada.

A loquacidade e a superestima de Ted tornaram-se famosas, principalmente depois da sua captura e durante o seu julgamento. Ted optou por ser seu próprio advogado. Nessa fase, protagonizou bravatas, chegando a pedir uma das testemunhas de defesa em casamento em pleno tribunal, mas também evidenciou descontroles comportamentais diante da condenação iminente. Chegou a fugir da cadeia no final da década de setenta, mas foi executado nela em 1989. Antes disso, tentou negociar o adiamento da sentença, oferecendo maiores detalhes sobre os crimes cometidos, bem como sobre os locais nos quais as vítimas poderiam ser encontradas. Entre seus avaliadores, não houve um consenso sobre a possível presença de um transtorno bipolar, que se caracteriza por mudanças cíclicas de humor. De outro modo, a presença de psicopatia foi amplamente aceita.

Diferente de Ted Bundy, Charles Milles Manson, nascido em 12 de novembro de 1934, não manchou as mãos de sangue matando pessoas nem estabeleceu um padrão específico para diferentes crimes seriais. Apenas agiu como se estivesse em guerra com a sociedade, tendo recrutado seu próprio exército para isso. Jovens problemáticos, que acabaram por atacar duas famílias no ano de 1969, achando que estavam sendo preparados para uma guerra racial que o próprio Manson se encarregou de propagar. Vítimas como a atriz Sharon Tate, que, na ocasião, se encontrava grávida, além dos amigos que frequentavam a casa, foram espancados e esfaqueados. No dia seguinte, em uma residência próxima ao local do primeiro massacre, foi a vez de um casal, Rosemary e Leno Labianca, morrerem de forma muito semelhante.

Diferentemente de Bundy, Manson não manipulava suas vítimas, criando condições favoráveis para matá-las. De outro modo, manipulava seus seguidores para matar conforme as suas determinações. Se um deles manipulava pessoas para matá-las com as próprias mãos, o outro manipulava pessoas para matar outras pessoas, sem sujar as mãos.

Foi assim que Charles Manson, na época, chegou a ser descrito pela revista *Rolling Stones* como o mais perigoso homem vivo. Um exagero para alguém que não foi o próprio executor desses crimes? Não exatamente. A possibilidade de que qualquer jovem, nascido em uma família tradicional e mantenedora dos chamados bons costumes, pudesse tornar-se um assassino brutal assombrou muitas famílias americanas daquela época. Era inegavelmente assustador conceber a existência de um monstro capaz de transformar alguém em outro monstro. Além disso, Manson parecia ser um "monstro" difícil de controlar. Continuou tendo fanáticos seguidores, mesmo atrás das grades. Ao contrário de Bundy, não recebeu a pena de morte, embora tenha sido sentenciado à prisão perpétua.

A gravidade dos crimes cometidos por ambos seria sugestiva de psicopatia nos dois casos, mas, conforme ressaltei antes, insuficiente para qualquer diagnóstico. A loquacidade associada a uma maior capacidade de manipulação também poderia ser entendida da mesma forma. Mas, independentemente disso, certos itens usados para avaliar psicopatas não podem ser pontuados a distância.

Naquela época, no entanto, eu estava envolvido em outro estudo de validação no Brasil de uma segunda escala para avaliar psicopatia. Um teste um pouco diferente da escala Hare que mencionei no capítulo anterior, comumente usada para a obtenção de dados complementares. Esse instrumento é chamado de Medida Interpessoal de Psicopatia e foi desenvolvido por David Kosson que vem estudando variáveis cognitivas relacionadas ao quadro há quase três décadas[2]. O teste tem como objetivo avaliar comportamentos que psicopatas costumam manifestar em uma situação interpessoal específica, mais precisamente, a situação de entrevista no contexto forense. Estudos correlacionais, incluindo um estudo do qual fui orientador, evidenciam uma forte correlação positiva entre os comportamentos mensurados pelo teste e o fator relacionado a problemas na esfera afetiva a partir de suas facetas na escala Hare. Ou seja, a verificação dos comportamentos medidos pela primeira escala costumam indicar a possibilidade de pontuações mais altas em um conjunto específico de itens da segunda. Em termos de psicodiagnóstico, pode-se dizer então que uma testagem mais objetiva que um dos instrumentos propicia, auxilia a pontuação de um conjunto de itens um pouco mais complexos medidos pelo outro. Mas, para explicar o que a Medida Interpessoal de Psicopatia de fato mede e de que forma usei parte desse instrumento para avaliar Charles Manson e Ted Bundy, algumas considerações sobre comportamentos interpessoais são necessárias.

    Inicialmente, destaco o próprio fato de que psicopatas apresentam uma baixa ansiedade social. Imagine que você vai a uma festa na qual não conhece quase ninguém, mas sabe que lá estará o gerente de uma grande empresa na qual você irá pleitear um cargo na semana seguinte. Um amigo seu, que já é funcionário dessa mesma empresa, irá valer-se da ocasião para apresentá-lo ao tal gerente. Isso significa dizer que essa não é uma ocasião qualquer. A conquista desse emprego irá depender, em grande parte, da impressão que você irá causar. Trata-se então de uma situação na qual você terá muito a perder ou muito a ganhar. Se você já é alguém que evita conversar com estranhos, temendo causar uma impressão desagradável, essa será uma situação mais difícil ainda. Um alto grau de dificuldade numa situação como essa também evidencia um nível de ansiedade social alta. Psicopatas, ao contrário disso, tendem a ter níveis bem mais baixos de ansiedade em diferentes circunstâncias de interação social. Mesmo quando há muita coisa a perder ou muita coisa a ganhar. O fato é que, mostrando-se um pouco mais indiferentes em relação ao que podem causar aos outros, tendem a uma menor reação diante dos sinais de aprovação ou reprovação proveniente dos outros. Isso não significa dizer que a extroversão, por si só, seja um indício de psicopatia nem que comportamentos introvertidos atestem a ausência desse transtorno. O que está sendo dito, em síntese, é que a capacidade de manipulação que os psicopatas costumam apresentar está atrelada a um menor nível de ansiedade social. Por outro lado, níveis mais baixos de ansiedade social também estão atrelados a comportamentos mais invasivos ou, muitas vezes, estrategicamente evasivos em situações interpessoais. Para medir esses comportamentos em uma entrevista é que usamos a Medida Interpessoal de Psicopatia. Ou seja, usamos um teste mais objetivo que ajuda a pontuar o teste principal.

    Meu primeiro passo foi então selecionar alguns itens desse instrumento que poderiam ser usados para avaliar Ted Bundy e Charles Manson em duas entrevistas concedidas há mais de duas décadas. Não eram entrevistas forenses, mas sim entrevistas de caráter jornalístico. Embora a entrevista de Bundy tenha sido conduzida pelo psicólogo James Dobson, classifica-se mais como uma entrevista jornalística no sentido amplo do termo. Assim, não eram todos os itens da escala passíveis de receber uma pontuação nessas condições. Tornou-se necessária uma seleção prévia daquilo que poderia ou não ser avaliado em tais circunstâncias. De qualquer forma, ao fazer isso, tornei possível uma avaliação parcial de dois casos emblemáticos, sem nunca ter tido contato com os indivíduos envolvidos. Mas, diferentemente de outras tantas vezes, meu objetivo, naquele momento, nada tinha a ver com a obtenção de dados replicáveis em termos de pesquisa. Estava agindo de uma forma bem mais despretensiosa, mas não menos curiosa.

O que consegui observar naquelas entrevistas ilustra um pouco mais sobre como é conduzir uma conversa com um psicopata. Não conheci Bundy nem Manson, mas sei que o que eles fizeram na frente de seus interlocutores, alguns indivíduos com diagnóstico de psicopatia já haviam feito na minha frente várias vezes. Falar de alguns de seus comportamentos é, ao menos em parte, lembrar um pouco das entrevistas que eu mesmo conduzi em pesquisas sobre o tema. Suas posturas ora invasivas, ora evasivas são analisadas na sequência deste capítulo. Remetem a vídeos que podem ser facilmente encontrados na rede.

Bundy não assumiu uma postura mais invasiva perante o seu entrevistador. Demonstrou, nesse sentido, ter sido cauteloso. Estava concedendo uma entrevista no período que antecedia sua execução e, ao que tudo indica, apostava na ideia de mobilizar representantes da sociedade civil para alcançar uma clemência por parte do Estado. Bundy, diferentemente do que ocorreu na entrevista de Manson que irei enfocar na sequência, não se comportava como se estivesse em um *show*. Parecia estar em uma partida de xadrez. Ambos, no entanto, pontuaram alto, embora cada um do seu jeito, um dos itens da Medida Interpessoal de Psicopatia que, sem grandes pretensões diagnósticas, eu estava usando para avaliá-los. Mais especificamente, o item denominado "comportamento dramático".

Ainda na parte inicial da entrevista, Bundy afirma estar sentindo, naquele momento, a dor que causou às suas vítimas. Ressaltou que senti-la de forma tardia era melhor do que nem mesmo senti-la. Mas, em uma aparente tristeza, Bundy foi capaz de controlar mais alguns poucos músculos do que qualquer outra parte da face. Baixando as pálpebras superiores, inclinando a cabeça e, em alguns momentos, fechando os olhos, buscou transmitir o pesar que alegava estar sentido. O *timing* da sua expressão facial era, no entanto, exagerado, e sua expressividade mostrou-se verdadeiramente parcial, envolvendo apenas músculos faciais que podem ser controlados de forma consciente. Um fato não condizente com alguém que alegava reviver todas as emoções terríveis e sentir toda a dor e o horror causados sempre que voltava para esse mesmo assunto. Para um olhar mais atento, Bundy não expressou um sentimento genuíno de tristeza, em vez disso, procurou simulá-la perante o entrevistador. Demonstrou sinais claros de um comportamento dramático. Além disso, o próprio modo como procurou inflexionar a voz, em uma aparente tristeza, também esteve a serviço dessa dramatização.

A avaliação da psicopatia não diz respeito a um conjunto de técnicas para detectar a enganação. Sob alguns aspectos, as técnicas usadas em abordagens de detecção de mentira, a exemplo dos princípios investigados pelo psicólogo Paul Ekman, que já atuou como consultor do FBI, podem até fornecer um pequeno auxílio. Por outro lado, a avaliação da psicopatia não segue a mesma lógica[3]. Não se trata apenas de descobrir se um sujeito está mentindo ou dizendo a verdade para inferir que ele seja um psicopata. Em situações nas quais um indivíduo coloca em jogo o seu futuro no sistema prisional é, por exemplo, frequente a mentira em avaliados que não têm qualquer transtorno de personalidade. A mentira, nesse caso, pode decorrer de uma necessidade de adaptar-se ao contexto, mas não tem um caráter patológico e não retrata qualquer tendência ligada à personalidade. A mentira patológica é, por certo, um dos itens considerados para a mensuração da psicopatia na Escala Hare, mas a mentira patológica também está presente em uma série de outros transtornos. É, assim como qualquer outro critério tomado de forma isolada, absolutamente insuficiente para qualquer diagnóstico.

  De outro modo, o que destaco na entrevista de Bundy é que, em alguns poucos minutos, a dramatização fica mais evidente, atendendo, por sua vez, uma necessidade de demonstrar emoções ausentes. Essa era a forma pela qual Bundy tentava mobilizar quem pudesse assisti-lo, mas essa não era o única motivo pela qual fazia isso.

  Em algumas entrevistas que fiz, fui, às vezes de um modo quase enfático, mencionado em exemplos dados pelos entrevistados. Já escutei coisas como: "Imagine que você estivesse no meu lugar"; "Não sei se você já passou por uma situação como essa, já passou?"; "Só para dar um exemplo, imagine que você estivesse fazendo isso agora"; "Pensa comigo"; "Vamos supor que aí onde você está, estivesse tal pessoa e fizesse isso ou aquilo". Essas frases geralmente são seguidas da descrição de uma determinada situação na qual o entrevistado esteve envolvido. Mas, antes de descrevê-la, o próprio entrevistado vale-se de alguma estratégia para aproximar-me do seu ponto de vista sobre determinada situação. Às vezes até recorrendo à dimensão espacial da sala na qual nos encontramos, para tornar a visualização mais promissora. Essa é, basicamente, uma estratégia de manipulação que costuma ser usada por psicopatas em situações de entrevista forense. Evidentemente, ela não é usada apenas por psicopatas e também não é usada apenas em ambientes forenses. Um bom vendedor de automóveis pode sugerir para o seu cliente que está começando a ponderar sobre a compra de um veículo que ele imagine como seria estar sentado no banco do motorista dirigindo aquele mesmo carro. Dessa forma, um dos principais objetivos da Medida Interpessoal de Psicopatia é sinalizar para o avaliador quando algumas estratégias mais recorrentes de manipulação podem ser usadas na entrevista. Mas a constatação de que estão sendo usadas diferentes estratégias de manipulação assinaladas pelo teste não será suficiente para o diagnóstico. Ninguém pode ser chamado de psicopata por estar tentando persuadir outro alguém. No entanto, alguém que evidencia tendências antissociais e comprometimentos na esfera afetiva, verificados a partir de outros tantos aspectos da entrevista, além de outras fontes e que, na própria entrevista, se comporta desse modo, pode ser chamado de psicopata. Nada, isoladamente, é critério suficiente para o diagnóstico da psicopatia. Para chegar até ele, precisamos ir além de qualquer mero algoritmo do tipo "se X, então Y".

Não era, no entanto, o diagnóstico que eu buscava confirmar em Bundy e Manson. Não havia elementos suficientes para tanto em duas entrevistas de caráter jornalístico. Por outro lado, conforme salientei, alguns itens relacionados a comportamentos interpessoais poderiam ser pontuados a partir daquelas entrevistas. Um desses itens refere-se, nesses termos, a fazer alusão ao entrevistador em histórias pessoais. Não foi exatamente isso que Bundy fez. Sua pontuação, a partir daquele meu despretensioso exercício psicométrico, não poderia, portanto, ser tida como máxima nesse item. Por outro lado, aquele assassino em série não falava apenas com o entrevistador, falava, naquela ocasião, com milhões de pessoas.

Em um determinado momento da entrevista, Bundy pede para que as pessoas que o assistem e que não acreditam na sua dor e no seu arrependimento possam, no entanto, considerar outro ponto importante da sua fala, ou seja, o alerta que faz. Começa sua frase dizendo: "acreditem no que vou dizer agora" e pede para que essas mesmas pessoas considerem o perigo enfrentado por muitos jovens expostos a programas e filmes nos quais a violência sexual é explícita. Se antes Bundy afirmou que a responsabilidade pelas mortes cometidas era sua, agora está, de forma sutil, tentando fazer com que seu interlocutor e as pessoas que o assistem acabem por presumir que seu caráter violento foi forjado pela pornografia. Nada mais oportuno, considerando que James Dobson era um ativo combatente da pornografia, ligado a uma organização evangélica engajada na manutenção da moralidade cristã. Nessa parte da entrevista, Bundy também se mostra mais diretivo. Chama o entrevistador pelo nome pelo qual é mais conhecido pelo público e destaca a experiência de Dobson sobre o tema. Experiência essa capaz de atestar, segundo Bundy, a veracidade do que está dizendo. Mas, para além disso, Bundy, valendo-se de um certo apelo sentimental, dirigiu-se às famílias americanas, em seus diferentes lares e em suas diferentes comunidades. Alertou sobre o perigo que outros tantos jovens americanos corriam, expostos a diferentes tipos de material pornográfico. Sendo um criminoso sexual que, ao contrário de outros milhões de indivíduos que nunca se transformaram em criminosos sexuais, embora tenham consumido pornografia, Bundy busca demonstrar uma relação de causa e efeito capaz de abrandar a sua responsabilidade. Dessa forma, principalmente nessa parte da entrevista, é possível perceber a presença de alguns comportamentos contemplados pela escala. Dentre eles, uma busca por aliança, tentando fazer com que o entrevistador concorde com seu ponto de vista. Uma certa perseveração no tema, confirmada em outras partes de entrevista, também foi verificável. Além da dramatização e de uma alusão ao entrevistador em histórias pessoais anteriormente destacadas. Exceto no último item para o qual estabeleci, naquela ocasião, uma pontuação intermediária, acabei atribuindo pontuações mais altas nos outros três.

Ser tangencial frente ao entrevistador é um outro item que integra a escala. Nesse caso, avaliam-se aspectos como a duração da resposta, modificações quanto ao que foi dito ou mesmo uma certa dificuldade em ater-se aos questionamentos feitos. Na sequência da entrevista, Bundy revelou o quão tangencial acabou sendo diante de algumas perguntas.

Uma dessas perguntas foi sobre o assassinato de uma menina de doze anos, chamada Kimbely Leach. Esse foi um dos últimos assassinatos cometidos por Bundy para o qual, conforme destacou o entrevistador, o clamor popular mostrou-se mais intenso. A pergunta de Dobson, nessa parte, foi bastante direta, solicitando que Bundy falasse sobre o que sentiu depois de ter cometido o assassinato.

Bundy parece, nessa parte, ter tentado alocar um sentimento que não vivenciou e, ao mesmo tempo, parece não ter tido êxito nessa tentativa. Difícil seria explicar o seu arrependimento. Afinal, como lembrar de um sentimento que não estava lá, no momento aludido? A pergunta de Dobson foi bastante precisa nesse aspecto. Buscou saber como o seu entrevistado sentiu-se três dias depois do crime. Mas parece não ter restado outra saída a Bundy senão uma postura tangencial. Afirmou que não seria possível falar de tais sentimentos. Nas poucas vezes que tentou descrever a experiência, repetiu a expressão "não posso falar disso" e assim o fez outras tantas vezes, mantendo a cabeça levemente inclinada para baixo. Nas poucas vezes em que optou, nessa parte, por direcionar o olhar para o seu interlocutor, demonstrou estar apenas monitorando qualquer reação causada pelas palavras que proferia.

Quando perguntado, na sequência, se achava justo o castigo que receberia pelas mãos do Estado, iniciou a resposta com um leve sorriso assimétrico. Logo depois, afirmou que seria sincero, assumindo que não desejava morrer e que não enganaria o entrevistador quanto a isso. Estava, nesses termos, chamando a atenção para a sua sinceridade, mas em um momento no qual a sinceridade era praticamente inevitável. Afinal, por que motivo mentiria dizendo que desejava morrer? A pergunta, no entanto, era outra e, logo depois dessas considerações, Bundy volta-se novamente para o tema da pornografia. Em suas palavras, mais uma vez, era preciso considerar o risco de jovens que passam em frente a bancas de revistas, deparando-se com publicações de conteúdo pornográfico. Jovens que estariam sendo, a partir disso, empurrados para o mesmo caminho seguido por ele. Procurou então chamar a atenção das famílias americanas para um perigo que, conforme suas palavras, não iria cessar após a sua morte. Mas no lugar de uma resposta mais direta, optou por uma advertência supostamente sensibilizadora. Nesse sentido, Bundy revelou-se tão eloquente quanto tangencial nessa parte da entrevista. Um fato que costuma sugerir, em avaliações desse tipo, uma pontuação alta no item.

Uma postura tangencial ou mesmo a manifestação de outros comportamentos verificados na escala que não se mostraram passíveis de serem avaliados naquela entrevista, tais como testar o entrevistador, fazer solicitações, evitar lacunas, fazem, pode-se dizer, parte do jogo. Ou seja, não são características da personalidade propriamente ditas, mas sim estratégias interpessoais que costumam ser adotadas por indivíduos com níveis mais baixos de ansiedade social e propensos a violarem as regras. São mecanismos usados por entrevistados que buscam conduzir o processo de avaliação, em vez de serem conduzidos pela dinâmica da própria entrevista. Afinal, se psicopatas costumam violar diferentes tipos de normas sociais, tendem a desafiá-las mesmo em um contexto tão restrito como o de uma entrevista. O uso da Medida Interpessoal de Psicopatia é, nesse sentido, um recurso auxiliar de avaliação, sinalizando aspectos mais objetivos e, portanto, observáveis nesse processo.

Continuei usando alguns itens desse instrumento, mas, dessa vez, passei a entreter-me com a entrevista com Charles Manson. O item que inicialmente destaco, extraído dessa mesma escala, se refere ao que chamamos de "descontração atípica". Sob todos os aspectos, Manson obteve a pontuação máxima nesse item e não poderia ser diferente. Em parte, isso se deve ao fato de que, diferentemente de Ted Bundy, Manson não aguardava e, portanto, não tentava escapar da pena capital. Cumpria prisão perpétua e sabia que sua sentença não seria abrandada ou agravada em função das palavras que proferisse naquela entrevista. Mas a descontração atípica de Manson, que irei detalhar melhor, não pode ser explicada apenas em função das circunstâncias. É parte da sua personalidade e contribui diretamente para a sua inegável capacidade de identificar e dominar pessoas emocionalmente frágeis.

Uma das suas seguidoras relatou que, certa vez, passeando com seu carro em uma pequena rua de Los Angeles, Manson avistou uma jovem com o olhar triste, caminhando vagorosamente e demonstrando não ter objetivos. Após parar o carro na sua frente e sorrir, tornou possível o início de uma intensa conversa, dizendo apenas: "esse é o seu sonho menina, comece a vivê-lo". Tempos depois, essa estudante foi viver seu sonho junto à comunidade fundada por Manson. Mas, como sabemos, não foi exatamente paz, amor e um paraíso onírico que encontrou nessa nova realidade, mas sim uma história de violência e crueldade.

Vivendo junto a cafetões e estelionatários que frequentavam um pequeno prostíbulo no qual sua mãe trabalhava, Manson desenvolveu, precocemente, uma das características mais marcantes em inúmeros psicopatas.

Aprendeu, como ninguém, a dizer aquilo que as pessoas desejavam ouvir e no momento em que elas mais precisavam ouvir. Enxergar vulnerabilidades nas pessoas que o rodeavam e saber como usá-las a seu favor tornou-se para ele uma verdadeira arte. Suas ideias sobre uma guerra racial que nunca aconteceu não foram meras visões apocalípticas de um profeta lunático. Foram uma maneira bastante eficaz de agregar pessoas em torno de uma causa maior, fazendo-as acreditar que estavam predestinadas a ocupar um lugar especial em um mundo prestes a transformar-se. Manson não apenas acalentou, com suas palavras, um grupo de jovens com problemas de autoaceitação, mas, acima de tudo, deu a esses indivíduos um sonho dentro do qual se sentiam especiais.

Mas como alguém tão persuasivo e confiante quanto à sua própria capacidade de, habilmente, jogar com as emoções alheias poderia submeter-se, passivamente, às perguntas de outro alguém que desejava entrevistá-lo? A resposta é simples, dificilmente poderia colaborar com a entrevista. Manson, de uma forma quase incontida, procurou, nessa entrevista, comandar o *show*.

Destaco alguns exemplos dessa postura notoriamente invasiva na sequência. Antes disso, saliento apenas que não se deve esperar que, independentemente das circunstâncias, todos os psicopatas comportem-se da mesma forma em uma entrevista de avaliação. As circunstâncias sempre devem ser consideradas. Alguém que responde por um crime cujo processo ainda não transitou em julgado, provavelmente, não irá apresentar o mesmo grau de descontração, independentemente de ser um psicopata ou não. Mas esse não era o caso de Manson. As circunstâncias permitiram-no manifestar uma série de comportamentos interpessoais que costumam ser mais característicos, ainda que não exclusivos, de psicopatas em situações desse tipo.

Em uma determinada parte da entrevista, Manson afirma para seu interlocutor que não necessita da atenção que comumente recebe. Alega não estar buscando seguidores, mas, durante essa mesma entrevista, age como se estivesse.

Manson levanta-se em alguns momentos, gesticula com frequência em outros, sorri algumas vezes, mas interpreta o tempo todo. Seu comportamento é dramático e, assim como Bundy, suas respostas são, constantemente, tangenciais. Quando solicitado a responder quem de fato era, faz uma pausa por alguns instantes, dirige-se ao entrevistador, segura sua mão e, de forma vaga, responde: "Quem eu sou realmente? Eu sou essa mão". Logo depois, toca no ombro do entrevistador. Evidencia, a partir disso, uma pontuação alta no item da escala que considera sinais de desrespeito aos limites pessoais do entrevistador.

Manson não responde à pergunta. Logo depois de tocar no entrevistador, afirma que este parece ser saudável e destaca o fato de sentir-se à vontade para falar com ele. Quando solicitado novamente a voltar para o tema, define-se apenas como alguém que deseja sobreviver e nada mais.

Na sequência, outro item da escala tornou-se passível de ser avaliado nessa entrevista. Ou seja, o narcisismo explícito. Nesse caso, busca-se avaliar comportamentos interpessoais que acabam indo ao encontro da superestima avaliada pela escala Hare. Manson começa a falar de seus talentos musicais de forma mais efusiva. Após permanecer de pé por algum tempo, senta-se novamente na cadeira e, demonstrando estar totalmente à vontade, manifesta sinais de orgulho quando fala que pode tocar qualquer coisa. Logo depois, inclina-se para a frente e fixa o olhar no entrevistador, evidenciando, novamente, sinais de estar sendo invasivo quanto aos limites pessoais de quem o entrevista.

Não posso dizer que posturas tão invasivas tenham sido frequentes nas entrevistas que fiz. Em adolescentes com traços de psicopatia, certamente não foram. Comparativamente, os estudos que já fizemos com essa escala no Brasil sugerem que os comportamentos interpessoais relacionados ao quadro são mais evidentes em adultos. Essa poderia ser uma distinção importante entre um transtorno já consolidado e algumas tendências para a sua consolidação que, em termos cronológicos, costumam surgir antes. Também poderia ser mais uma confirmação de que não podemos falar de psicopatia antes dos dezoito anos. Afinal, os adolescentes não desenvolveram plenamente os traços que estão por trás desses mesmos comportamentos e, de forma mais ampla, que estão na base da própria capacidade de manipulação. Independentemente dessas considerações, são necessários estudos mais conclusivos sobre o desenvolvimento de estratégias interpessoais vinculadas ao surgimento do transtorno.

Os dados já obtidos indicam, no entanto, a necessidade de um tratamento diferenciado para adolescentes que não deve ficar restrito à privação de liberdade. Assim como alguns colegas de pesquisa, tenho apostado que o uso de instrumentos para medir traços de psicopatia pode fundamentar melhor as intervenções com adolescentes. Particularmente, entendo que instrumentos desse tipo não devem ser usados para embasar decisões jurídicas, considerando o risco de diagnósticos malfeitos. Avaliações dessa natureza devem ser usadas para prevenir e não para punir.

Com indivíduos adultos, posturas verdadeiramente invasivas têm sido mais frequentes. Um jeito mais "espalhado" de sentar-se enquanto conduzo a entrevista, indício de uma busca por aliança, fixação do olhar como forma de estudar minhas intenções, interrupções e até mesmo solicitações já se fizeram presentes nas entrevistas que conduzi em ambiente carcerário. Já fui, por exemplo, solicitado a intervir em uma situação de regularização de visitas para o detento, ainda que o próprio detento soubesse que eu não possuía qualquer vínculo com o sistema prisional. Em parte, isso se deve ao fato de que o controle sobre a conduta de quem está privado de liberdade em um presídio costuma ser diferente do controle feito sobre indivíduos privados de liberdade em instituições socioeducativas. Mas essa é uma explicação parcial. Um indivíduo não nasce manipulador. Torna-se manipulador a partir da sua própria história. Nesse sentido, observo que, dentre as características atreladas ao quadro, algumas delas desenvolvem-se de um modo mais tardio do que outras. Conforme salientou Robert Hare, em uma entrevista concedida a uma revista de circulação nacional, "ninguém nasce psicopata". Voltarei para esse tema, buscando discutir o que os achados mais atuais sugerem sobre o papel da carga genética no desenvolvimento desse transtorno em capítulos subsequentes.

Manson continuou seu *show*. Afirmou, em um determinado momento da entrevista, ser como qualquer outra pessoa. Alguém que não gosta de matar, mas também alguém que mataria com naturalidade se não o deixassem outra alternativa. Se fosse preciso, conforme suas palavras, faria isso como se estivesse degustando uma simples bisteca. Sua forma de definir quem é passou, desse modo, pela própria ideia de que poderia ser qualquer coisa para qualquer pessoa.

Quando questionado sobre a influência que era capaz de causar em outros tantos indivíduos, afirmou não ser diferente, nesse aspecto, do próprio entrevistador. Manson, nessa parte, fechou a camisa que antes estava aberta, modulou com mais frequência seus sorrisos e, novamente, colocou o entrevistador em hipotéticas histórias pessoais. Afirmou que se este pudesse viver com ele um mês ou dois, suas opiniões mudariam. Mudariam não apenas suas opiniões a seu respeito, como também outras tantas opiniões que tinha de si mesmo. Passou então a explicar que as pessoas acabavam por enxergar nele aquilo que elas próprias eram. Pessoas respeitadoras o respeitariam e canalhas o veriam como um canalha. Manson mostrou-se verdadeiramente hábil em usar frases curtas, porém impactantes.

É um fato, como alguns ilustres psicanalistas já explicaram, que mecanismos de projeção existem. Pessoas inseguras podem projetar nos outros sua própria insegurança, assim como pessoas agressivas podem proteger-se da agressividade que julgam provir dos outros. Entretanto, pessoas inseguras também ficam frente a frente com outras pessoas inseguras, assim como pessoas agressivas também convivem com a agressividade alheia. Manson não foi apenas um produto das projeções alheias. Valeu-se de mecanismos semelhantes para manipular jovens cuja agressividade não foi por ele criada, mas acabou sendo por ele fomentada. Esses indivíduos enxergaram em Manson aquilo que o próprio Manson pretendia que nele fosse enxergado. As pessoas projetam e isso é um fato, mas as pessoas manipuladoras também são capazes de induzir outros a matar. A inegável veracidade da primeira afirmação não faz com que sejam refutáveis as implicações da segunda. A partir dessas palavras, Charles Manson apenas evidenciou um dos sintomas característicos da psicopatia, constante na escala Hare. Em outras palavras, a incapacidade para aceitar a responsabilidade pelos próprios atos.

Já no final da entrevista, não é ao entrevistador que Manson se refere, mas, de uma maneira inusitada, ao operador de câmera. Comenta sobre sua forma de esconder-se por trás da câmera e pergunta sobre sua nacionalidade. Parece estar testando até onde pode ir diante das pessoas envolvidas naquela entrevista.

Um outro item da Medida Interpessoal de Psicopatia diz respeito a testar o entrevistador em uma situação de avaliação. Aquela não era uma entrevista de avaliação propriamente dita, mas também pude perceber em Manson uma tendência para esse mesmo tipo de comportamento, ainda que tal característica tenha se revelado de forma parcial. Caberia, nesse caso, uma pontuação intermediária, mas, mesmo assim, convergente com as demais características observadas.

Peculiaridades como essas fazem da entrevista para a avaliação da psicopatia uma das entrevistas mais difíceis em termos da realização de um psicodiagnóstico. A possibilidade de que o entrevistador seja constantemente testado está no cerne dessa dificuldade. Saber como lidar com isso, sem demonstrar irritação ou desconsideração diante do que está sendo dito, costuma ser um desafio.

Quando perguntado se seus filhos estariam seguindo seu passos, Manson, além de evasivo, revelou-se, nessa parte, mais teatral do que em qualquer outra. Afirmou que todos são seus filhos e levantou-se novamente, encenando que, em cada passo novo que dava, o fazia com milhões de pessoas em sua mente. Fez questão de abster diante de uma pergunta que, em um primeiro momento, buscava informações mais concretas.

É um fato que, em momento algum, reprovou as perguntas as quais se submeteu. Por outro lado, acabou por respondê-las da forma como queria e quando queria. Abstraía quando era mais conveniente abstrair e mantinha o foco no tema quando a própria resposta não poderia expô-lo de um modo mais direto. Mostrou-se tão tangencial como Bundy, porém, do seu próprio modo.

De uma forma ampla, a entrevista para avaliar psicopatia está voltada para aquilo que está sendo dito, quase do mesmo modo como está voltada para aquilo que não está sendo dito. É sempre necessário ler nas entrelinhas, juntar dados sugestivos e examinar qual é o verdadeiro peso das informações obtidas nos diferentes itens usados para quantificar o transtorno. Cedo ou tarde essas tendências de agir e reagir relacionadas a um transtorno específico da personalidade aparecem. Além disso, conforme estava se confirmando naquele dia, alguns desses indícios, cedo ou tarde, também podem aparecer em uma entrevista comum, distinta da entrevista para avaliação no contexto forense.

Depois de algumas divagações enquanto transitava pela sala, Manson termina sua fala enaltecendo-se quanto ao fato de ser capaz de entender a própria mente. Aponta o dedo para a câmera, mostrando um sorriso mais expressivo, e ressalta que confia na única pessoa na qual pode confiar, ou seja, em si mesmo. A entrevista chega então ao fim.

Resta então saber por que Manson se mostrou tão teatral em uma entrevista como essa e por que, conforme o relato de algumas pessoas que estiveram ao seu lado, mostrava-se constantemente teatral. Em plena época *hippie*, as inúmeras drogas usadas pela juventude não eram sinônimo de uma maneira exageradamente extrovertida e invasiva de comportar-se. Muitos jovens, ao contrário disso, mostravam-se ainda mais introspectivos em suas alucinantes viagens. Manson era diferente e sua comunidade era, portanto, diferente. Não cultuou, mesmo que por breves momentos, os ideais de paz e amor que alimentavam o sonho de uma geração.

Sua forma entusiasta de falar sobre os princípios que regiam o mundo foi, talvez, a forma mais eficaz que Manson encontrou para persuadir alguns jovens que se sentiam perdidos nele. Revelar o sentido de um momento para quem está alheio a ele pode ser uma forma de ganhar a atenção desse mesmo alguém. Mas assegurar sentido para alguém cuja vida não faz sentido é um modo altamente eficaz de doutrinar essa pessoa. Para isso, é preciso comover e cativar e, nesse ponto, a encenação costuma ajudar muito. Manson descobriu, precocemente, que essas estratégias funcionavam e funcionavam bem. Elas tornaram-se atreladas à sua personalidade, passando a fazer parte do seu modo de funcionar no mundo.

Não costumo encontrar psicopatas com tamanha capacidade de dramatização nas entrevistas que faço. Já encontrei, no entanto, indivíduos verdadeiramente hábeis em manipular os outros. Esses desempenhos atípicos reforçam o mito de que todos os psicopatas são, por natureza, inteligentes. Alguns podem ser pouco inteligentes. Muitos deles, no entanto, apresentam habilidades notórias, ainda que bastante específicas, no campo da cognição social. Dito de outro modo, podem não ser suficientemente sensíveis às emoções alheias, mas conseguem utilizá-las a seu favor quando julgam vantajoso agir dessa forma. Em parte, isso pode ser atribuído ao fato de que aprenderam a operar, na esfera interpessoal, com limites mais dilatados ou, em alguns casos, inexistentes. Isso significa dizer que o próprio fato de sentirem-se autorizados para jogar com as emoções alheias, independentemente das consequências, os torna mais hábeis nesse mesmo jogo. As chances de um psicopata ser, por exemplo, apanhado em um detector de mentiras são menores do que as chances de alguém que não tem esse transtorno ser apanhado[4]. É um processo de retroalimentação. Um menor nível de ansiedade social faz com que aquele que engana pratique mais e, praticando, adquire cada vez mais confiança e isso, por sua vez, diminui ainda mais os níveis de ansiedade social de quem está enganando. Dessa forma, alguns se tornam verdadeiros mestres na arte da enganação.

Certa vez entrevistei um jovem de dezessete anos com um nível de astúcia capaz de exemplificar habilidades desse tipo. Seu comportamento era dramático, mas não tão teatral como aquele que foi demonstrado por Manson na entrevista que relatei. Era muito bom em contar histórias, principalmente aquelas nas quais estava envolvido.

Perguntei, em um determinado momento da entrevista, sobre os detalhes relacionados aos assaltos que já havia cometido e em função dos quais estava privado de liberdade. Literalmente, falei:

— É você quem toma a frente nesses assaltos, quem é que tem a ideia?

Sua resposta, bastante detalhada, foi:

— Vou explicar como é que funciona. Eu vejo um lugar onde está entrando e saindo muita gente, um mercado, uma padaria. Se tá entrando e saindo muita gente é porque o dinheiro também tá entrando. Aí então começo a cuidar dos horários de menor movimento e ver se tem muito risco. Quando surge a oportunidade, eu falo com alguém que eu sei que já fez isso, que já roubou antes.

Fez uma pequena pausa, mas continuei escutando sem interromper.

— Como eu sei que ele já fez isso antes, eu começo a passar uma ideia. Aponto para o lugar com gente entrando e saindo e comento que o dono deve estar bem, deve estar cheio do dinheiro. Falo um pouco sobre outro assunto e depois começo a fazer a pessoa imaginar como seria estar com todo aquele dinheiro no bolso e tudo o que daria para fazer com ele. As poucos, vou fazendo imaginar como é estar com o dinheiro na mão. Depois, comento que o cara que roubasse um lugar como aquele iria se dar muito bem e que, em alguns horários, seria fácil fazer isso. Aí então, depois que a pessoa já está querendo fazer isso, ela vai me convidar para fazer. Só que aí eu digo que nunca fiz isso antes e que eu não sei bem como fazer. O cara insiste e eu continuo dizendo que não. Depois, eu digo que só se eu for atrás e ele tomar a frente. Mostro que ainda estou com dúvida, até ele insistir mais. Às vezes, o cara convida apenas para ir junto, dizendo que eu não vou correr risco nenhum e que vou só para cuidar da porta e depois dividir o dinheiro. Aí então eu vou e fico com metade do dinheiro. É assim que eu faço.

Esse jovem revelou valer-se de estratégias de manipulação sofisticadas e caracterizadas por um alto grau de teorização sobre outras mentes. Psicólogos e psiquiatras chamam de Teoria da Mente a capacidade que nós humanos temos, e outros primatas em menor grau, para inferir estados mentais nos indivíduos com os quais interagimos. Podemos, portanto, ter hipóteses sobre o fato de alguém ter gostado ou não daquilo que falamos com base nas reações dessa pessoa e podemos também criar hipóteses que essa pessoa sabe sobre o que já sabemos ao perceber suas reações. Algo como ele sabe que eu sei que ele não gostou e, sendo assim, acabo sabendo que ele sabe que eu sei disso. É um fenômeno de recorrência um pouco complicado de descrever em termos sintáticos, afinal, relaciona-se à possibilidade de pensar sobre o que os outros podem estar pensando. Mas é um fenômeno bastante real, considerando que os seres humanos estão evolutivamente adaptados para fazer isso constantemente, mesmo sem perceber. A capacidade de manipular outros indivíduos depende, em larga escala, dessa recursividade cognitiva chamada Teoria da Mente.

Uma capacidade desse tipo está, por exemplo, comprometida em autistas, indivíduos acometidos por uma disfunção do desenvolvimento que afeta a capacidade de interação social, mas não está comprometida em psicopatas[5]. Em outras palavras, um psicopata pode não ser suficientemente sensível às emoções alheias a ponto de desenvolver a plena capacidade para valorizá-las, mas tende a ser suficientemente perspicaz para identificar aquilo que pode ser manipulado a seu favor[6]. Psicopatas demonstram precisar apenas das informações básicas para jogar o jogo do "eu sei que você sabe que eu sei que você sabe"; no entanto, acabam por jogá-lo com suas próprias regras.

Não foi apenas em situações narradas pelos entrevistados que tive a oportunidade de constatar o pleno uso dessa recursividade em psicopatas. Em situações nas quais estive diretamente envolvido também pude identificá-la.

Certa vez um avaliado, cumprindo pena por diferentes tipos de estelionato, acabou por iniciar comigo, ainda que de forma não intencional, um lento e cuidadoso jogo de "eu sei que você sabe que eu sei que você sabe". Era um sujeito um pouco mais velho do que a média dos adultos privados de liberdade que já avaliei, com um nível social e cultural bem acima da média nesse contexto.

Tão logo percebeu estar sendo, nessa avaliação, traído por sua própria superestima, passou a dosar mais as palavras. Falou sobre sua capacidade de convencer pessoas e fazer com que os outros acabassem por fazer aquilo que ele queria que fizessem. Mas, ao que tudo indica, lembrou, logo depois, que eu estava procurando sinais de um transtorno de personalidade. Não havia qualquer mistério quanto aos objetivos daquela entrevista, afinal, estavam descritos no próprio termo de consentimento que ele havia assinado uma hora antes. Além disso, ele tinha conhecimento quanto ao fato de que eu estava apenas fazendo uma pesquisa sem qualquer implicação jurídica. Independentemente disso, passou a ser mais cauteloso em suas autodescrições, depois que perguntei há quanto tempo havia percebido em si tamanha capacidade de convencer os outros.

Alguém que está sendo acusado de diferentes tipos de estelionato não quer ser visto como alguém altamente capaz de ludibriar os indivíduos à sua volta. Dessa forma, buscou, de um modo sutil, alterar qualquer impressão causada nesse sentido. Trouxe, na sequência, um exemplo capaz de sugerir o contrário, mas sem tornar explícitas as suas intenções. Estava, desse modo, agindo como alguém que ponderava sobre os possíveis caminhos dedutivos do meu pensamento, mas, ao mesmo tempo, evitava mostrar que estava tentando interrompê-los. Queria mostrar algo do tipo: "eu sou bom, mas nem tanto assim, não vamos exagerar". Era como se dois sintomas da psicopatia estivessem, naquele momento, competindo entre si. Ele sabia que eu poderia inferir alguns sinais de psicopatia a partir dos elogios que acabara de dar a si mesmo, mas sabia também que mudar bruscamente o que havia dito iria causar-me estranheza. Eu, por outro lado, só posso afirmar, a partir de uma redundância apenas aparente, que sabia que ele sabia disso. Ao constatar que ele estava sendo sutil na forma como tentava redirecionar meus pensamentos, também tentei causar a impressão de que ele estava conseguindo. Ele realmente passou a agir como se tivesse conseguido. Porém, a essa altura da entrevista, já era possível ter a convicção de que o avaliado estava, o tempo todo, tentando manipular as impressões causadas. De qualquer forma, o fato é que nos encontrávamos em um intrincado jogo no qual a capacidade de um teorizar sobre a mente do outro estava sendo, ininterruptamente, colocada à prova. Aquela foi uma entrevista bastante difícil de conduzir, considerando a enorme capacidade de manipulação do avaliado. Acho que foi uma das entrevistas mais longas e cansativas que eu já fiz. Esse sujeito nunca matou ninguém, mas era uma estelionatário dos bons. Só não posso dizer infalível pelo fato de que estava em prisão preventiva em um presídio no qual realizei pesquisa. Obteve trinta e um pontos no escore ponderado da escala para adultos[7].

Apontamentos como esses revelam um pouco das vicissitudes e dos desafios relacionados à condução de um processo de psicodiagnóstico que considero verdadeiramente difícil. Não existem regras fixas nesse processo, mas tão somente direções possíveis. As entrevistas de Manson e Bundy não são, de um modo irrestrito, ilustrativas da dinâmica envolvida em uma entrevista realizada no contexto forense para descobrir se alguém é ou não psicopata. Fornecem, apesar disso, algumas pistas de como é conduzir uma avaliação com alguém com esse transtorno. Narrá-las e analisá-las, ainda que de uma forma sintética, acabou sendo um recurso inicial para destacar algumas características da psicopatia observáveis em situações de entrevista.

Forneci algumas informações, até o momento, parciais sobre o que, de fato, caracteriza um psicopata. Apresentei essas características de um modo propositalmente disperso no texto. Mas pretendo recapitular algumas dessas informações e analisá-las melhor nas páginas que seguem. Uma vez que ainda existem controvérsias em torno de todas as características definidoras do transtorno, será, nesse sentido, mais fácil problematizar isso no próximo capítulo. Nele, serei mais parcial, destacando de que lado estou em termos de uma controvérsia relacionada a tudo que deve ser considerado para avaliarmos a psicopatia.

O passo seguinte será abordar uma compreensão biopsicossocial relacionada à origem do transtorno. Para tanto, pretendo fazer breves incursões no campo de uma área chamada Neurociência Cognitiva. Uma terminologia um pouco mais técnica fará parte do quarto capítulo, mas será menos utilizada nos capítulos seguintes.

Deixarei de lado descrições específicas quanto à dinâmica das entrevistas destacadas nos dois primeiros capítulos, usadas para ilustrar como é estar na frente de um psicopata. Continuarei mencionando, no entanto, alguns exemplos extraídos de algumas entrevistas que fiz em outros capítulos.

Em termos gerais, encerro esse capítulo apenas explicando que a pontuação de alguns poucos itens não me permitiu qualquer diagnóstico conclusivo sobre Ted Bundy e Charles Manson. Mas diagnósticos desse tipo já haviam sido feitos por avaliadores que estiveram frente a frente com cada um deles bem antes disso. O uso parcial da escala que destaquei frente a um monitor de computador, assistindo partes de algumas entrevistas com esses indivíduos, também não produziu nem poderia produzir qualquer dado útil para a adaptação e validação desse instrumento no Brasil. Tornou-se, no entanto, apenas um recurso didático que acabei usando em um curso que ministrei sobre o tema.

É curioso, no entanto, pensar que esses dois casos se mostram verdadeiramente emblemáticos. Esses indivíduos não fizeram o que fizeram após escutarem vozes que acabaram por orientar seus comportamentos. Em outras palavras, não tiveram alucinações auditivas ou outros sintomas mais característicos de um transtorno psicótico. Cometeram tais crimes pelo simples fato de achar que poderiam fazê-lo. Casos como esses assinalam, de todas as formas possíveis, que a psicopatia existe e que no cerne desse transtorno está um profundo e persistente distanciamento afetivo em relação aos outros, bem como uma propensão para agir contra os outros. Essa definição vem a ser uma descrição geral da psicopatia. Defini-la a partir das suas especificidades talvez seja um processo ainda inacabado e que nem sempre abarca consensos, conforme explicarei no próximo capítulo.

Capítulo 3

AFINAL, O QUE É SER UM PSICOPATA?

Para responder a essa pergunta, devemos regressar no tempo. Mais oportuno ainda seria regressar a diferentes períodos da nossa história civilizada ou não. Essa pode ser uma forma de entender como manifestações, até certo ponto, semelhantes ao que, na atualidade se chama psicopatia, eram vistas. Além disso, buscar algumas aproximações conceituais um pouco mais recentes contribuirá para elucidar os critérios que hoje são usados para esse diagnóstico.

No capítulo anterior, destaquei o fato de que, em termos mais amplos, a psicopatia pode ser explicada a partir de um comprometimento na esfera afetiva e uma propensão para a manifestação de comportamentos antissociais Esse não é, portanto, um transtorno caracterizado por delírios, alucinações ou mesmo por alguns sintomas negativos que estão presentes em diferentes transtornos psicóticos. A psicopatia é, conforme já foi ressaltado, um transtorno de personalidade, e a personalidade, em última instância, diz respeito a um conjunto de tendências comportamentais com raízes tanto genéticas como ambientais.

Com base na ideia de que a personalidade pode apresentar uma base genética, ainda que não exclusivamente genética, alguns psicólogos passaram a postular princípios evolutivamente favorecedores para certos traços da personalidade. Dito de outro modo, passaram a conceber muitas das nossas tendências comportamentais a partir de uma perspectiva darwinista[8]. Desse modo, os chamados "psicólogos evolucionistas" buscaram, nas duas últimas décadas, investigar não apenas a forma como a personalidade pode ser moldada pela seleção natural, como, até mesmo, o fato de que um transtorno de personalidade pode ser o resultado de pressões seletivas.

A partir dessa perspectiva, a explicação sobre o que é ser um psicopata se inicia pela própria noção relacionada ao que poderia ter sido um psicopata há milhões de anos[9]. Não concordo integralmente com o ponto de vista dos psicólogos evolucionistas nesse aspecto. Considero-o, no entanto, improvável, mas entendo também que é uma perspectiva que está longe de ser implausível. Por outro lado, cabe aqui apresentá-lo, antes de tecer considerações sobre a história mais recente de alguns conceitos que se aproximam das classificações atuais e, finalmente, chegar nessas mesmas classificações.

Imagine um hominídeo andando em plena savana africana há milhares e milhares de anos. Um lugar inóspito que oferece todos os tipos de perigo e para o qual a vida em grupo é, acima de tudo, uma estratégia de proteção. Viver em grupo é compartilhar. É auxiliar o outro para, posteriormente, usufruir do auxílio alheio. Nesse cenário, a mente do *Homo sapiens* e seus predecessores adaptou-se para aquilo que mais caracterizava o nicho no qual evoluiu, ou seja, a vida em sociedade[10]. Alguns teóricos evolucionistas afirmam, nesse sentido, que a empatia e o altruísmo não foram meros subprodutos de um cérebro programado para a eussocialidade e, com aproximadamente mil trezentos e quarenta gramas, foram adaptações no verdadeiro sentido do termo[11].

De outro modo, a questão é que outros mecanismos também podem ter sido favorecidos nesse contexto. Reações mais agressivas, menos refletidas e, por conseguinte, mais rápidas diante do perigo são exemplos disso. Desconsiderar as necessidades alheias e exercer dominância quando a escassez de alimentos era quase total também pode, conforme essa concepção, ter sido um mecanismo adaptativo. Considerando as circunstâncias presumidas, os traços fenotípicos que constituem o psicopata seriam então o resultado de um longo processo adaptativo.

Mas como o comportamento antissocial poderia mostrar-se adaptativo em uma realidade na qual o senso de coletividade teria sido uma condição *sine qua non* para a sobrevivência da espécie? Diante desse aparente contrassenso, os psicólogos evolucionistas e seus precursores teóricos, os sociobiólogos, recorrem ao conceito de seleção dependente de frequência. Um exemplo clássico de seleção dependente de frequência é o que ocorre com o peixe *lepomis*. Uma parcela significativa desses peixes apresenta tendência para um comportamento, digamos, socialmente engajado, auxiliando na fertilização dos ovos e no cuidado com a prole de inúmeros outros peixes. Alguns *lepomis* antissociais, no entanto, são mais "espertinhos" e optam por não trabalhar em prol da coletividade[12]. Preferem viver o momento. Mas por que alguns e não todos? Pelo simples fato de que se todos manifestassem tendências antissociais, a sociedade *lepomis*, como um todo, se tornaria inviável. Ou seja, a seleção dependente de frequência favorece a ocorrência de uma dada tendência comportamental, porém até um certo patamar. Torna possível a manifestação de tendências antagônicas em uma mesma espécie em proporções que mutuamente se equilibram. O que significa dizer que peixes antissociais estão condenados a transmitirem seus genes até o ponto em que seu legado não comprometa a frequência de peixes pró-sociais. Afinal, alguém tem que trabalhar nesse estranho e desigual mundo dos peixes *lepomis*.

Psicólogos evolucionistas enfatizam que, não por acaso, a prevalência de psicopatia na atualidade apresenta-se em cifras baixas. Uma observação que, aliás, mostra-se coerente com as ideias destacadas. Mas psicólogos evolucionistas também levam até as últimas consequências a afirmação do famoso geneticista Theodosius Dobzhansky, para o qual nada na Biologia fazia sentido a não ser à luz da evolução. Dizer, porém, que tudo deve ser compreendido à luz da evolução não é o mesmo que dizer que tudo que existe são fenótipos vantajosos. Se assim o fosse, como explicar, por exemplo, que, habitando os mesmos bosques, encontrem-se formigas russas com uma visão perfeita (*Formica*) e formigas que quase não enxergam (*Dendrolasius*). Não se trata de seleção dependente de frequência nesse caso. Trata-se apenas de caracteres biológicos praticamente antagônicos que coexistem em espécies distintas, mas sujeitas a pressões seletivas semelhantes[13]. Se a visão, nesse cenário, é uma adaptação, então o que dizer da sua quase ausência?

Não sendo este um livro sobre Biologia Evolutiva, nele tento apenas apresentar uma concepção sobre a psicopatia como um produto da seleção natural operando sobre o gênero *homo*. Por outro lado, é desnecessário enfatizar que essa concepção não é nada testável em termos científicos. Esse impedimento não a torna absurda, mas julgo que a torne menos provável como hipótese explicativa. Portanto, para responder o que, em termos mais descritivos, é ser um psicopata, começo afirmando o que, de acordo com o meu entendimento, não pode nos dizer o que vem sendo um psicopata há milhões de anos. Não considero, nesse sentido, que um psicopata seja a expressão de um genótipo favorecido pela seleção natural em uma frequência filogeneticamente tolerável. Mas acredito, como pretendo explicar em outro capítulo, que a expressão de alguns genes influentes no desenvolvimento da psicopatia persista tal como a visão quase ausente da formiga *Dendrolasius* persiste. Ou seja, algumas disfunções estão aí e chegaram onde chegaram pelo fato de que não vivemos no melhor dos mundos e, no mundo em que vivemos, algumas adaptações dividem espaço com uma série de inadaptações. Julgo ainda que essa pode ser uma forma mais prudente de não corrermos o risco de atribuir um caráter teleológico à evolução.

Deixando de lado algumas especulações sobre a suposta frieza de uma pequena parcela de hominídeos do Pleistoceno que acabaram por transmitir seu legado genético, cabe agora dirigir um olhar para o passado próximo. Se buscamos entender o que é ser um psicopata, de acordo com concepções mais modernas, é igualmente necessário entender como esse transtorno poderia estar sendo enxergado há mais de um século. Qualquer descrição sobre o olhar dirigido aos psicopatas de outras épocas passa mais por uma inclusão diagnóstica presumida do que por critérios de exclusão propriamente ditos. Explicando melhor, inferir aproximações entre diagnósticos feitos na atualidade e diagnósticos feitos há dezenas e dezenas de anos não é como encaixar a figura de retângulo com doze centímetros de área em um pequeno buraco de igual tamanho. Não há equivalências, mas tão somente um certo nível de sobreposições. Uma vez que alguns dos diagnósticos feitos no passado se revelam mais abrangentes se comparados a certos diagnósticos feitos nos dias de hoje, esses últimos podem, em alguns casos, ser incluídos no primeiros.

Como exemplo, tem-se os conceitos de loucura moral usados por James Cowles Pritchard ou mesmo mania sem delírio proposto por Philip Pinel e posteriormente destacado nos trabalhos de Benjamin Rush. Em seu *Tratado Médico-Filosófico sobre a Alienação Mental ou Mania*, publicado pela primeira vez em outubro de 1800, Pinel destaca o caráter específico da mania sem delírio, afirmando ser ela: *"contínua ou marcada por acessos periódicos. Nenhuma alteração sensível nas funções do entendimento, da percepção, do julgamento, da imaginação, da memória etc.; mas perversão nas funções afetivas, impulsão cega para atos de violência, ou mesmo de uma fúria sanguinária, sem que se possa assinalar ideia alguma dominante, e nenhuma ilusão da imaginação que seja a causa determinante destas funestas tendências"*[14]. Ao que tudo indica, sintomas hoje verificados em psicopatas estavam incluídos nessa classificação, mas cabe ressaltar que sintomas verificados em alguns outros transtornos também poderiam estar.[15]

Independentemente disso, chama atenção que, há aproximadamente dois séculos, estudiosos do assunto tenham cunhado uma expressão tão sugestiva como *loucura moral* para designar um transtorno mental. Uma espécie de loucura capaz de preservar a razão, mas afetar o senso moral. Uma loucura vista, muitas vezes, como sinônimo de crueldade, ausência de compaixão e propensão para enganar. Também chama atenção o próprio fato de que, de algum modo, indivíduos suficientemente frios e com notórias tendências antissociais já tenham produzido questionamentos e teorias, ainda que equivocadas, sobre o que poderia estar por trás dos seus atos. Um transtorno mental não surge de uma década para outra. Certamente, psicopatas já existem há milhares de anos, ainda que uma estreita e mais recente, mas não indissociável, relação desse transtorno com o crime tenha dificultado e continue dificultando o seu entendimento.

Depois de Pinel, Esquirol e outros, mais de um século se passou, mas pouca coisa nova surgiu sob o sol. Mantiveram-se classificações, que até certo ponto, aproximavam-se da monomania, da mania sem delírio e da loucura moral, mas que se mostraram demasiadamente amplas para circunscrever um transtorno de personalidade com tendências comportamentais tão específicas.

A ciência tentava direcionar um olhar para os psicopatas, mas o fazia sem conseguir ater-se às suas reais e definidoras características. Assim, o que aqueles estudiosos disseram não pode ser entendido como suficiente para que possamos dizer agora o que, de fato, é ser um psicopata.

O marco teórico para alcançarmos explicações mais consistentes situa-se no século passado, mais especificamente na década de quarenta, com a publicação do livro *A Máscara da Sanidade*, do psiquiatra americando Hervey Cleckley. Revisado várias vezes desde a sua publicação em 1941, o livro permanece atual e imprescindível para a compreensão fenomenológica desse quadro. Valendo-se de diferentes vinhetas clínicas, Cleckley demonstra como o transtorno ultrapassa classes sociais e se manifesta a partir de características bem definidas. Agrupa, a partir disso, as características da psicopatia em dezesseis itens, sendo eles:

1 – Charme superficial e boa inteligência.
2 – Ausência de delírios e outros sinais de pensamento irracional.
3 – Ausência de nervosimo ou manifestações psiconeuróticas.
4 – Falta de confiabilidade.
5 – Mentira e falsidade.
6 – Falta de remorso ou vergonha.
7 – Conduta antissocial não motivada pelas contingências.
8 – Julgamento pobre e falha em aprender com a experiência.
9 – Egocentrismo patológico e incapacidade para amar.
10 – Pobreza geral na maioria das reações afetivas.
11 – Perda específica de *insight*.
12 – Indiferença nas relações interpessoais em geral.
13 – Comportamento extravagante e inconveniente algumas vezes. sob a ação de bebidas, outras não.
14 – Suicídio raramente praticado.
15 – Vida sexual impessoal, trivial e precariamente integrada.
16 – Falha em seguir qualquer plano de vida.

À medida que apresenta uma série de casos clínicos, o autor comenta os aspectos mais marcantes do quadro. Ressalta, por exemplo, que indivíduos assim parecem estar livres de empecilhos sociais e emocionais. Conforme Cleckley, não apresentam sintomas de psicose ou neurose, parecendo ser imunes às angústias e preocupações diante de situações perturbadoras. Acrescenta que, quando desmascarados em suas mentiras, não sentem qualquer remorso[16].

Essas e outras observações sobre o funcionamento de um psicopata permeiam a obra de Cleckley e constituem-se como a base para a moderna concepção de psicopatia. A escala desenvolvida na década de oitenta e revisada na década de noventa pelo psicólogo Robert Hare fundamenta-se nos dezesseis critérios descritos nesse livro. Realiza a adaptação de alguns itens e acrescenta outros. Hare passa, por exemplo, a valorizar uma relação mais direta do psicopata com as ações criminosas e afasta-se um pouco dos aspectos psicodinâmicos destacados por Cleckley. Nesse sentido, itens como versatilidade criminal, delinquência juvenil e revogação da liberdade condicional são acrescidos para a avaliação da psicopatia. Na versão para jovens, tem-se ainda o item comportamento criminal grave.

De outro modo, observa-se que Hare opta por alguns critérios mais abrangentes, tais como falta de empatia, insensibilidade afetivo-emocional e descontroles comportamentais. Além de alguns itens já destacados nos capítulos anteriores, tais como necessidade de estimulação, loquacidade, impulsividade, irresponsabilidade, superestima, estilo de vida parasitário, ausência de metas realistas e incapacidade de aceitar responsabilidade pelos próprios atos. No campo dos relacionamentos que um psicopata é capaz de estabelecer, o instrumento elaborado por Hare avalia a maneira de o indivíduo se colocar em suas relações conjugais, demonstrando capacidade ou incapacidade de assumir relacionamentos mais duradouros. Aspectos da vida sexual do indivíduo também são incluídos, embora devam ser relativizados na avaliação, sendo que a orientação sexual do indivíduo não deve ser considerada para fins diagnósticos. Na escala para jovens, uma parte desses itens são modificados, considerando a própria faixa etária que está sendo avaliada. Ambas as versões desse instrumento servem para avaliar psicopatia ou traços de psicopatia em pessoas do sexo masculino e do sexo feminino.

Se procurarmos, entretanto, as características destacadas por Cleckley e revistas por Hare em um manual no qual estão descritos os diferentes tipos de transtornos mentais que perfazem a Psicopatologia, não as encontraremos. Em outras palavras, a psicopatia não está descrita tal e qual está sendo explicada nestas páginas, nas versões mais atuais do *Manual Diagnóstico e Estatístico de Distúrbios Mentais*. Na sua primeira versão, o DSM descrevia a chamada perturbação sociopática da personalidade. Já nessa versão, é possível constatar uma maior ênfase nos comportamentos antissociais do que nos aspectos afetivos do transtorno. Dito de outro modo, a classificação do transtorno contemplava subtipos envolvendo a identificação de reações antissociais ou dissociais, desvios sexuais, e, conforme a nomenclatura da época, vícios, alcoolismo e drogadição. O manual descreve os sociopatas como indivíduos cronicamente antissociais, causadores de problemas constantes e incapazes de aprender com erros e punições sociais, não sendo leais com pessoas, grupos ou normas. Além disso, frequentemente hedonistas, imaturos, irresponsáveis, com fraco juízo crítico e racionalização dos seus comportamentos[17]. A ênfase nos aspectos comportamentais do transtorno torna-se um pouco menor na segunda edição do manual, mas mais proeminente nas edições posteriores, culminando no Transtorno de Personalidade Antissocial constante no DSM-IV-R e DSM-V. Nele, observa-se, por exemplo, que dos sete critérios iniciais a serem verificados na história do indivíduo após os quinze anos, somente um deles, ou seja, ausência de remorso, não está diretamente ligado aos comportamentos manifestos. Os demais são: participação repetida em atos ilegais; desonestidade; impulsividade ou falha em fazer os planos avançarem; comportamento hostil/agressivo; envolvimento em ações que coloquem a si mesmo ou os outros em perigo; comportamentos irresponsáveis frequentes.

Em grande parte, essa mesma ênfase nos comportamentos deve-se ao fato de que é mais fácil inferir um diagnóstico a partir dos seus aspectos comportamentais observáveis do que a partir dos seus aspectos afetivos mais intrínsecos. Em outras palavras, o abandono do termo psicopatia e da sua respectiva ênfase em características que acabam indo além dos aspectos mais aparentes foi, acima de tudo, uma estratégia da Associação Americana de Psiquiatria para aumentar a confiabilidade do diagnóstico. O resultado disso é que, na atualidade, muitos estudiosos do tema, senão a maioria deles, não apenas recorre ao termo psicopatia, como também o faz tomando-o como uma realidade clínica não equivalente ao Transtorno de Personalidade Antissocial. Se a intenção daqueles que estiveram diretamente envolvidos nas últimas versões do citado manual era que o conceito de psicopatia fosse incorporado ao conceito de Transtorno de Personalidade Antissocial, pode-se dizer que, na prática, isso não aconteceu. Dessa forma, o fato é que hoje temos, no campo da Psicopatologia, dois transtornos bastante sobrepostos em termos nosográficos. O Transtorno de Personalidade Antissocial nada mais é do que um transtorno identificado a partir dos critérios diagnósticos do DSM e a psicopatia um transtorno diagnosticado a partir da escala Hare em sua versão mais atual, também chamada PCL-R (Psychopathy Checklist - Revised).

Mas, em que pese algumas disputas de território entre algumas associações voltadas para o estudo da Psicopatologia, não seria possível dizer que alguém com transtorno de personalidade antissocial é também um psicopata? Quando, há mais de uma década, comecei a estudar o assunto, acreditava que sim. Pensava que por trás dessa infrutífera disputa semântica estava sendo descrito um único e mesmo transtorno. Hoje, só posso dizer que minha forma de enxergar essa divergência mudou.

Estudos recentes indicam, por exemplo, que, em ambiente carcerário, as prevalências de Transtorno de Personalidade Antissocial e psicopatia podem ser muito distintas. No primeiro caso, pode variar em percentuais que vão de 50 até 80%, enquanto no segundo ficaria em cifras que vão de 15 até

25%.[18] Em população não carcerária, o nível dessa sobreposição seria bastante difícil de mensurar. Mas por que essas diferenças?

A presença de três dos critérios da categoria A para, além do critério da categoria B, relacionado a uma idade igual ou superior a dezoito anos, pode ser indicativa de Transtorno de Personalidade Antissocial, conforme destaca o manual. Alguém que cometeu diferentes tipos de roubos, abandonou vários empregos de um modo irresponsável e costuma facilmente ficar irritado a ponto de agredir seus pares já apresenta, hipoteticamente, três dos critérios em questão. Mas será que esse alguém é realmente um psicopata?

Conforme nos lembram Hare e outros estudiosos do tema, *"Aqueles que preenchem os critérios para Transtorno de Personalidade Antissocial podem ser antissociais, porém diferem muito nas suas motivações e nas características interpessoais, afetivas e psicopatológicas (...). Paradoxalmente, os critérios para Transtorno de Personalidade Antissocial parecem definir uma categoria diagnóstica ao mesmo tempo ampla, abrangendo criminosos e antissociais psicologicamente diferentes, e restrita, excluindo aqueles que possuem a estrutura da personalidade compatível com a psicopatia, porém que não demonstraram comportamentos específicos associados ao Transtorno de Personalidade Antissocial"*[19].

Em outras palavras, se desejamos descobrir o que, de fato, é ser um psicopata, precisamos ir além dos seus comportamentos antissociais. Do contrário, estaremos chamando de psicopata um indivíduo que é intempestivamente agressivo, menos responsável do que a média e, por força de algumas contingências sociais, pode ter se envolvido em alguns atos ilegais. Por outro lado, esse mesmo alguém pode também demonstrar reações empáticas diante dos outros, sensibilidade afetivo-emocional e um significativo arrependimento diante daquilo que fez. Chamar um indivíduo de psicopata não tem a ver com punir verbalmente alguém que fez coisas que não aprovamos, tem a ver com um diagnóstico que deve ser feito de forma criteriosa e devidamente estudado no campo da Psicopatologia.

Alguns estudiosos do assunto não apenas foram além dos comportamentos antissociais que acabam por caracterizar a psicopatia, como também passaram a defender a ideia de que eles nem mesmo devem ser usados como critérios. Se antes destaquei a atual e polêmica recorrência a classificações consideravelmente sobrepostas, agora destaco uma segunda controvérsia. A saber, a discussão sobre o quão indissociável seriam os comportamentos antissociais/criminais da própria frieza emocional que se verifica em psicopatas. Nesse caso, não se trata de priorizar comportamentos para um diagnóstico mais confiável. Ao contrário disso, trata-se de compreendê-los como um subproduto da disfunção afetiva que caracteriza os psicopatas e, como tal, deixá-los de lado no processo de avaliação.

Nesse sentido, esses estudiosos não negam as tendências antissociais ligadas ao quadro, apenas as colocam em um segundo plano, destacando que avaliá-las no âmbito criminal pode ser contraproducente[20]. Propõem, desse modo, uma outra forma de avaliar a psicopatia, mais direta e ainda mais distante do rol de comportamentos destacados no DSM.

Costumo, em tom de brincadeira, dizer em minhas aulas que sou avesso à parte superior daquelas estruturas sólidas usadas para separar recintos. De forma mais direta, significa dizer que não gosto de ficar em cima do muro. Mas prefiro uma posição intermediária no que se refere ao papel dos comportamentos criminais e à perspectiva dimensional da psicopatia, conforme também será explicado no penúltimo capítulo desta obra. Ou seja, compartilho com a visão de Hare de que a violação das regras sociais é intrínseca ao quadro e pretendo explicar o porquê desse posicionamento. Igualmente, compartilho das suas críticas quanto à excessiva ênfase dada aos comportamentos antissociais no DSM que fazem com que, na atualidade, o Transtorno de Personalidade Antissocial acabe por ser uma entidade nosológica distinta da psicopatia.

Não considero, por certo, a posição de estudiosos que se afastam da avaliação de comportamentos antissociais totalmente infundada. Esses autores valem-se de um recurso estatístico chamado análise fatorial, cuja explicação fugiria aos propósitos desta obra. De forma resumida, basta aqui dizer que a análise fatorial examina o "comportamento" dos itens de um instrumento psicométrico. Avalia de que forma pontuações de itens de um teste andam juntas a partir de padrões de covariação. Tais autores defendem, nesse sentido, a noção de que uma solução de três fatores, que acabe por abandonar os itens que avaliam o comportamento criminal na escala, é psicometricamente justificável. Avaliar o quadro em seus aspectos, afetivos interpessoais e comportamentais (porém não exatamente antissociais)[21] seria suficiente para dizer se um sujeito é ou não psicopata. Para os autores, não haveria necessidade de considerar, por exemplo, aspectos relacionados ao comportamento criminal dos psicopatas.

Se pensarmos naquilo que os psicometristas chamam de Validação de Construto, as ideias defendidas por esses pesquisadores são justificáveis. Ou seja, se examinarmos apenas os números, em uma análise fatorial, podemos concordar com esse ponto de vista. Mas devemos analisar também os fatos. A validade de uma escala passa igualmente por aquilo que se pode chamar de validação de critério. Em outras palavras, algo como avaliar em que medida a quantificação da psicopatia por intermédio do PCL-R, que, por sua vez, leva em conta o comportamento criminal, realmente distingue psicopatas de não psicopatas.

Minha posição, nesse sentido, é que Hare criou uma escala satisfatória para ser usada no contexto forense, mas com limitações para ser usada fora dele. É inegável o fato de que existem inúmeros psicopatas soltos, agindo com frieza e destruindo vidas. Conforme fiz questão de salientar no primeiro capítulo, indícios sobre a psicopatia não podem ficar restritos àquilo que é possível verificar nos processos criminais. Não são nem poderiam ser suficientes as informações sobre o crime que um indivíduo cometeu para um diagnóstico como esse. Mas acredito, em contrapartida, que esses crimes podem ser parcialmente informativos.

Inegavelmente, há uma restrição semântica nessa última frase. Crimes dizem respeito a fatos tipificados que contrariam o ordenamento jurídico. Nem todo ato antissocial é, nesse sentido, um crime. Mas, apesar dessa restrição, acredito que a quase totalidade dos psicopatas cometam crimes. Isso não significa dizer que esses psicopatas estejam sendo penalizados por seus crimes. Também não significa que todos os criminosos sejam psicopatas. Conforme indicam as estatísticas que anteriormente destaquei, a grande maioria não é.

Por outro lado, alguém que acredita que tem o direito de quebrar qualquer regra em benefício próprio é também alguém com significativas tendências para constantemente quebrar essas regras. Os comportamentos antissociais, ou mesmo criminais, verificados em psicopatas mostram-se atrelados ao distanciamento afetivo que esses indivíduos apresentam em relação aos outros. Deixá-los de lado no processo avaliativo seria como supor que a constatação de delírios de perseguição torna dispensável investigar outros aspectos do funcionamento paranoide para o diagnóstico de esquizofrenia paranoide. Dito de outro modo, indivíduos significativamente frios em termos emocionais são quase notoriamente antissociais em seus comportamentos. Mas quando uso a expressão "quase notoriamente antissociais", já estou contabilizando o próprio fato de que nem sempre são pegos em seus crimes. A escala Hare ainda requer aperfeiçoamentos, mas é, inegavelmente, o melhor instrumento que temos para avaliar esse transtorno no ambiente carcerário e, como tal, não prescinde de itens relacionados ao comportamento criminal.

O fato de que a avaliação fora do contexto forense seja um tanto quanto obscura e sujeita a maiores imprecisões não refuta a ideia de que muitos psicopatas estão soltos. Poderiam, nesse sentido, obter uma pontuação falsamente baixa em alguns itens da escala. O fato é que temos um bom instrumento para avaliar psicopatas em presídios, mas, de um modo geral, nos faltam instrumentos confiáveis para avaliar os muitos psicopatas que estão fora deles. Costumo também ressaltar, em cursos e palestras, que temos um bom instrumento para o diagnóstico, mas isso não o eleva à condição de um infalível recurso para o prognóstico. Identificar que um sujeito apresenta um transtorno mental chamado psicopatia não é necessariamente identificar que ele irá reincidir em sua carreira criminal. Tendências à reincidência são, aproximadamente, duas vezes maiores em psicopatas quando comparados a criminosos comuns. Mas tendências são tendências e não fatos consumados.

Em termos mais científicos, a escala Hare é um instrumento elaborado e revisado para o diagnóstico da psicopatia e não uma bola de cristal que nos permite antever crimes futuros. Sou um ferrenho defensor desse instrumento para fins de pesquisa e o utilizo, dentre outros propósitos, na tentativa de buscar respostas para certas questões que carrego comigo e que serão abordadas nos capítulos finais desta obra. Costumo, no entanto, fazer advertências relacionadas ao seu uso disseminado em exames criminológicos e outras avaliações dessa natureza. Além disso, penso que esse instrumento só deveria ser usado por profissionais realmente preparados e treinados nesse complexo processo avaliativo.

Reunindo essas informações e ponderando sobre algumas controvérsias que ainda existem sobre em que medida comportamentos antissociais são considerados características essenciais do quadro, pode-se então começar a responder a pergunta que intitula este capítulo. Psicopatas não são simplesmente detentos que se mostram mais violentos do que a média ou cometeram crimes classificados como hediondos. Também não são apenas sujeitos que se mostram emocionalmente frios, embora não necessariamente propensos à conduta criminosa. São indivíduos acometidos por uma disfuncionalidade capaz de mantê-los em um significativo distanciamento afetivo dos demais e levá-los à violação de uma série de normas socialmente reforçadas para resguardar a integridade de todos que compõem uma coletividade. Psicopatas são, nesses termos, indivíduos cujas tendências antissociais estão fortemente vinculadas a um comprometimento quanto à capacidade de orientar comportamentos pró-sociais a partir da expressividade emocional alheia.

Essas afirmações ajudam-nos a alcançar, gradativamente, uma compreensão sobre os aspectos neurocognitivos que, conforme achados mais atuais, estão na base desse transtorno. Esses aspectos serão mais bem analisados no próximo capítulo, mas começam a ser explicitados a partir de algumas das palavras que já estou usando neste capítulo.

Não por acaso, uso, por exemplo, o vocábulo "disfuncionalidade" no sentido mais convencional. Ou seja, para descrever algo que não está funcionando como deveria. Essa ideia vai ao encontro da contestação já destacada quanto à noção de que a psicopatia seja a expressão de um genótipo favorecido pela seleção natural e cuja prevalência possa ser explicada a partir de uma frequência filogeneticamente tolerável. Conforme fiz questão de salientar, algumas coisas simplesmente estão aí, ainda que não sejam plenamente funcionais e não representem, nesse sentido, vantagens adaptativas.

Existem transtornos com uma base neurobiológica que tornam menos funcional nossa capacidade sintática, nossa capacidade semântica ou, em alguns casos, ambas. Existem outros transtornos com igual base neurobiológica que comprometem nossa capacidade de enxergar em cores. Transtornos que impedem pessoas de identificarem outras pessoas a partir das suas faces[22]. Da mesma forma que existe uma síndrome capaz de fazer com que o indivíduo por ela acometido possa ter alucinações visuais, ainda que conserve a certeza quanto ao fato de ser irreal aquilo que enxerga[23]. Nesses e em outros tantos casos, estamos falando de transtornos que não se aproximam dos chamados "quadros psicóticos". Tais pessoas, não podem, conforme o sentido coloquial da palavra, serem consideradas insanas. Mas, independentemente disso, o fato é que algo em seus cérebros não está funcionando da forma como deveria funcionar.

Portanto, não seria infundado aceitar como altamente plausível a existência de um transtorno no qual as pessoas também não evidenciam nenhum sinal de psicose, mas, de algum modo, respondem menos às emoções alheias. Também não seria difícil presumir que algo, nos seus cérebros, pode não estar funcionando da forma como deveria funcionar.

Afirmações desse tipo ainda causam estranheza em alguns colegas de profissão ou estudiosos de outras áreas, que defendem uma origem exclusivamente social para todo e qualquer conjunto de tendências antissociais. Entendo que os determinantes sociais estejam por trás de muitos comportamentos antissociais, mas acredito, e tentarei explicar isso no próximo capítulo, que, em se tratando de psicopatia, uma compreensão biopsicossocial para as suas origens seja o melhor caminho.

De qualquer forma, destacar o fato de que alguma coisa no cérebro dos psicopatas pode não estar funcionando da forma como deveria funcionar é, sob dois aspectos específicos, uma afirmação polêmica. A discussão sobre o primeiro desses aspectos ficará para os capítulos finais deste livro. Por hora, basta dizer que essa afirmação pode, por si só, gerar objeções. Afinal, alguém pode perguntar: "E como deveria funcionar?" ou "E quem determina como deveria funcionar?". Deixo então essas respostas para a parte final do livro, na qual me aventuro um pouco mais a discutir a própria condição existencial do psicopata. O segundo e, nesse caso, inadiável aspecto a ser considerado refere-se ao fato de que minha experiência tem demonstrado ser comumente mais fácil alguns deterministas sociais aceitarem descrições neurobiológicas para outros tantos transtornos e não para a psicopatia. Muitos não enxergam problema em mencionar mecanismos semelhantes para a esquizofrenia, mas relutam em aceitar entendimentos desse tipo para a psicopatia. Em parte, como costuma afirmar uma colega de pesquisa, parece que a psicopatia mexe, de forma contundente, com nosso próprio narcisismo. Revela o quão difícil é aceitar o fato de que, enquanto espécie, possamos manifestar falhas tão grosseiras que acabam por comprometer nossa capacidade altruística. Mas, parafraseando aqui uma música de rock que gosto de escutar, quem sabe descobertas nesse campo não estejam apenas começando a dizer para o ser humano algo como: "você não é tão legal quanto você pensa"[24].

Entendo, no entanto, que exista também uma certa legitimidade nesse tipo de relutância. Em outras épocas, teorias que postulavam a noção de um criminoso nato faziam-na em nome de uma pseudociência vigente. Asseveravam que, nesses indivíduos, um fenótipo específico poderia ser identificado, e que tal identificação seria suficientemente informativa para separar os criminosos dos cidadãos de bem, os decentes dos indecentes, ou, se preferirmos, os bons dos maus. Teorias desse tipo vigoraram há mais de um século, principalmente a partir dos trabalhos do criminólogo italiano Cesare Lombroso. Buscavam comparar o formato do crânio ou partes da face como o maxiliar e orelhas, dentre outras, para identificar os sinais de um criminoso nato. Mas, há mais de um século, também se utilizavam sanguessugas como uma opção para viabilizar sangrias terapêuticas. Há pouco mais de um século, o químico francês Marcelin Berthelott disse, em 1887, que tudo que havia para ser explicado já havia sido explicado, e o mundo não tinha mais mistérios.[25] O conhecimento científico avançou, assim como um olhar crítico sobre as suas possibilidades a curto e longo prazo também avançou. Os erros do passado atestam-nos a importância de pensar melhor cada passo de uma ciência do presente, mas pensar cada passo dessa nova realidade científica não pode ser sinônimo de obstruir o passo seguinte.

Logo, em um capítulo que se propõe a responder o que é, de fato, ser um psicopata, nada mais oportuno do que uma nova negação antes que se avance em outras afirmações. Um psicopata não é nem poderia ser um criminoso nato. Conforme ficará claro no próximo capítulo, nego, com base em estudiosos que foram bem mais longe quanto à investigação dessas questões, qualquer determinismo genético para a psicopatia. Evito, no entanto, que essa mesma negação seja entendida como argumento favorável ao igualmente equivocado determinismo social. Afinal, pode-se dizer que cérebro humano evoluiu para articular um dinâmico jogo de influências internas e externas. Foi filogeneticamente preparado para consolidar ou modificar suas próprias tendências a partir das informações que processa. Sendo assim, identificar seus padrões disfuncionais não é o mesmo que mapear um único ponto de origem para essas disfunções.

Psicopatas são, conforme destaquei, indivíduos cujas tendências antissociais vinculam-se a um comprometimento quanto à capacidade de orientar comportamentos pró-sociais a partir da expressividade emocional alheia. Mas tal capacidade é, de acordo com essa perspectiva, neurobiologicamente mediada, assim como o são quaisquer outras capacidades humanas. Eventos comportamentais são, em uma primeira instância, eventos cerebrais, mas isso não quer dizer que eventos cerebrais sejam, em todas as suas instâncias, apenas o resultado de eventos genéticos. Psicopatas não nascem psicopatas, mas tão somente com tendências para a consolidação desse transtorno. Explicar o funcionamento dos seus cérebros é como descrever uma fotografia em sua inegável capacidade de retratar o momento, mas também em suas notórias limitações para ilustrar tudo aquilo que o antecede.

De outro modo, quando me refiro a uma capacidade comprometida de orientar comportamentos pró-sociais, entendo que os achados científicos mais atuais apontem exatamente nessa direção. Um cérebro menos capaz de ser "tocado" pelas emoções alheias é um cérebro menos apto a considerá-las em suas interações sociais. Não por acaso, uso a expressão "distanciamento afetivo" para caracterizar essa condição. Mas sou levado a crer que esse distanciamento não é, ao menos não em toda a sua dimensão, forjado exclusivamente por circunstâncias ligadas ao desenvolvimento ontogenético. Em outras palavras, não são apenas as circunstâncias externas que moldam a mente de um psicopata. Se algo no cérebro desses indivíduos se tornou verdadeiramente disfuncional, é, em parte, pelo fato de que algo já estava lá antes. A partir desse entendimento é que poderei, posteriormente, discutir a "maldade" do psicopata e suas reais condições de "seguir outros caminhos" em sua própria existência.

Nessa segunda parte, irei ater-me mais à Filosofia e menos à Ciência, incluindo, nesse caso, uma abordagem chamada Filosofia da Mente. Essas considerações estarão presentes a partir do capítulo seis, incluindo este capítulo. Mas não se trata, por certo, de renegar a Ciência, considerando o próprio fato de que sou um dos seus ferrenhos defensores. Trata-se apenas de considerar os seus limites.

A Ciência pode, em termos mais gerais, dizer-nos o que de fato é ser um psicopata e elucidar, de forma cada vez mais promissora, as particularidades cerebrais desse quadro. Pode também abarcar algumas incompletudes quando tenta delimitar todas as características definidoras do transtorno. A Ciência não está livre de polêmicas e chego a pensar que, em alguns casos, tolerar hipóteses concorrentes para fenômenos que ainda necessitam ser mais bem investigados é o seu maior mérito. Acredito também que a Ciência tenha pouco a nos dizer sobre questões como o Bem e o Mal. Ainda assim, acredito que tenha algo a nos dizer. Essa mesma crença é a razão de ser dos capítulos finais deste livro.

Acredito, por outro lado, que o que Ciência não pode é ocupar integramente o lugar de outras áreas do conhecimento que não se fundamentam na experimentação e na elaboração de hipóteses falseáveis. Nesse sentido, falar sobre alguns temas contidos nesta obra é ir um pouco além da Ciência e entrar em um campo mais filosófico e especulativo. Afinal, certos temas não são verdadeiros objetos de estudos científicos. Posso, a partir disso, dizer que meu objetivo inicial, neste livro, é divulgar achados científicos e, somente depois disso, especular sobre algumas de suas possíveis implicações filosóficas. Mas essa segunda parte não é, sob nenhum aspecto, uma negação da primeira. É uma espécie de liberdade literária.

Essas observações servem para ressaltar que, até o quinto capítulo, incluindo este, procuro divulgar e explicar achados científicos. Só vejo, portanto, sentido em contestá-los à luz da própria Ciência. Nos capítulos posteriores, isso pode ser feito recorrendo-se mais a concepções pessoais do que a pesquisas e enunciados científicos. Pessoas que defendem a noção de livre-

-arbítrio irrestrito para todas as ações humanas poderão, com toda a certeza, refutar as afirmações que faço nesses mesmos capítulos. Pessoas que defendem um determinismo, ainda que brando, para explicar a própria condição humana talvez concordem com as ideias que irei apresentar.

De outro modo, quando afirmo que psicopatas existem e são acometidos por uma disfuncionalidade cerebral, não se trata de expressar uma opinião pessoal sobre o tema. Na década de setenta, no auge de um movimento chamado antipsiquiatria, mostrava-se mais fácil para alguns teóricos radicalmente relativistas apregoarem que a psicopatia era somente um fenômeno socialmente construído. Hoje, seria necessário, de forma deliberada, ignorar uma enorme quantidade de achados científicos que apontam em outra direção. O momento era outro e era suficientemente favorável para que movimentos libertários pudessem conceber que nada que fosse humano, e demasiadamente humano, pudesse estar contido em nossos genes.

Um famoso geneticista comportamental que sugeriu algumas influências genéticas na formação da personalidade agiu como se estivesse, metaforicamente falando, jogando um balde de água fria em algumas ideias vigentes. Em contrapartida, recebeu, não metaforicamente falando, um balde de água fria na cabeça enquanto proferia uma palestra sobre o tema. Por um bom tempo, as discussões nesse campo mantiveram-se exageradamente ideológicas e precariamente científicas[26].

Felizmente, julgo que o momento realmente seja outro. Nunca recebi um balde de água fria na cabeça por dizer, em um evento acadêmico, que a psicopatia existe e que pode, em parte, ser explicada pela carga genética de um indivíduo. Uma visão que busca desconstruir o diagnóstico ainda persiste por parte de um pequeno número de ativistas tão bem intencionados quanto desinformados. Deparei-me, algumas vezes, com ideias remanescentes desse relativismo radical. Mas, felizmente, não me deparei com atitudes tão radicais e continuo voltando para casa com as camisas secas.

Julgo que a possibilidade de pensarmos a personalidade a partir de uma perspectiva biopsicossocial seja, em pleno século XXI, bem mais tolerável. Se, por um lado, conviver com ideias diferentes que provêm de "cabeças diferentes" tornou-se mais aceitável do que tentar "esfriá-las", desperdiçando um líquido tão vital, por outro, negar a existência da psicopatia tornou-se bem mais difícil. Nesse sentido, reforço a distinção feita. Uma parte deste livro trata de divulgar achados científicos, diante dos quais a contestação só pode ser feita no campo científico. Uma segunda parte é distinta quanto a esse mesmo aspecto. Isso significa dizer que a convergência de achados que demonstram que psicopatas existem e seus cérebros não funcionam da mesma forma que pessoas normais não é uma mera opinião pessoal, é um fato. Reservo, de outro modo, algumas opiniões para os capítulos finais do livro.

Antes disso, apresento a síntese de alguns estudos que explicam a disfunção cerebral que caracteriza a psicopatia. A maior parte desses achados provém de uma área denominada Neurociência Cognitiva. Dessa forma, no capítulo seguinte, não mais irei ater-me a explicações sobre o que é ser um psicopata, mas sim sobre o que há de errado com o cérebro desses indivíduos.

Outras definições convergentes sobre o que é ser um psicopata podem ser encontradas em obras mais abrangentes sobre o assunto. Na atualidade, o livro *Sem Consciência,* de Robert Hare, é, por certo, a principal referência nesse tema. Nele, os dois agrupamentos de sintomas destacados neste capítulo encontram-se pormenorizados com a clareza e precisão de quem estuda o tema há mais de quatro décadas.

Capítulo 4

O QUE HÁ DE ERRADO COM O CÉREBRO DO PSICOPATA?

Se perguntarmos para uma criança pequena em idade escolar o que é um cérebro, é bem provável que saiba responder com uma certa precisão. Se perguntarmos para um adulto para que serve um cérebro, é provável que a resposta demore um pouco mais. Já escutei afirmações de que um cérebro serve para que possamos pensar, quando fiz essa mesma pergunta para alguns adultos.

Um cérebro permite, é claro, que os seres humanos pensem, mas essa afirmação não resume toda a sua utilidade. Espécies, pode-se dizer, "não pensantes" estão aí no planeta há milhões de anos, algumas delas até com cérebros maiores e mais sofisticados do que outros. Um cérebro deve ter, portanto, bem mais utilidade do que simplesmente tornar viável o chamado pensamento em todas as suas possibilidades composicionais e sintáticas.

Prefiro pensar que um cérebro serve principalmente, mas não exclusivamente, para aumentar nossas possibilidades de interação com o meio e com os outros organismos. Cérebros proporcionalmente maiores fazem isso, sob alguns aspectos, de forma bem mais efetiva do que cérebros menores. Mas isso não diz respeito ao seu tamanho absoluto e sim ao chamado Coeficiente de Encefalização, que expressa um tamanho relativo do cérebro com o tamanho do corpo em cada espécie[27]. Estamos, nesse quesito, no topo da pirâmide. Não por acaso, somos a única espécie a usar a linguagem em toda a sua recursividade sintática. Isso não significa dizer que sejamos imbatíveis em todas as funções cognitivas que o cérebro é capaz de desempenhar. Pássaros Clark das montanhas rochosas conseguem, por exemplo, lembrar os diferentes lugares nos quais armazenaram mais de trinta mil sementes durante a última estação[28]. Pessoas como eu mal conseguem lembrar onde largaram a chave do carro no dia anterior. O cérebro do pássaro Clark pesa aproximadamente quinze gra-

| 65 |

mas, e o de pessoas como eu, quase cem vezes mais do que isso. Mas armazenar sementes era um problema que requeria respostas adaptativas para o pássaro Clark e não para a espécie a qual eu pertenço. Nesse sentido, a evolução moldou cérebros diferentes para lidar com realidades diferentes.

Nosso cérebro foi moldado principalmente para interagir com nossos semelhantes. Nossa própria capacidade linguística foi favorecida pela vida em sociedade. Estima-se que, há poucos milhões de anos, as primeiras espécies do gênero *homo* circulavam por aqui em grupos de aproximadamente oitenta indivíduos. Antes disso, *australopitecíneos* compunham grupos um pouco menores, de aproximadamente cinquenta indivíduos[29]. Estudos recentes indicam uma correlação positiva entre tamanho do córtex (camada que reveste o cérebro) e tamanho dos grupos nos quais as diferentes espécies de primatas estabelecem interação social[30]. Como legítimos integrantes da ordem dos primatas, também somos uma espécie social. Nosso cérebro não foi moldado para processar e armazenar um conjunto de informações espaciais tão amplas a ponto de lembrarmos onde estão trinta mil sementes. Foi, de outro modo, significativamente moldado para processar e armazenar uma série de informações sobre os outros indivíduos com os quais interagimos. Não por acaso, conseguimos, como nenhuma outra espécie, teorizar tão bem sobre aquilo que pode estar se passando nas mentes alheias. Mas, conforme já ressaltei, não é a ausência de uma teoria da mente que pode explicar o que há de errado com o cérebro do psicopata. Alguma coisa existe de diferente em seus cérebros, mas para entender o que é, precisamos entender para que serve um cérebro hominídeo em perfeitas condições de funcionamento.

Voltemos então ao Pleistoceno e imaginemos para que estaria servindo o cérebro de indivíduos pertencentes a espécies cuja vida em sociedade se encarregava de favorecer a transmissão de características pró-sociais. Poderia estar servindo para fazer uso, de uma forma cada vez mais sofisticada, de informações sociais. Identificar e reagir às emoções alheias passou a ser, nesse cenário, uma condição fundamental para que cada um pudesse estar inserido no grupo, beneficiando-se do altruísmo recíproco que o só grupo é capaz de oferecer[31]. Mas, conforme essa perspectiva, a evolução parece não ter privilegiado embusteiros. Não é uma questão de tão somente identificar emoções alheias, é uma questão de apropriadamente reagir a essas emoções. Qualquer mecanismo pró-social que tenha sido favorecido pela evolução dependeu, ao que tudo indica, de reações verdadeiras. Um cérebro verdadeiramente altruísta é, nesse sentido, um cérebro capaz de afetar-se e não apenas identificar aquilo que acontece com o outro. Além disso, um cérebro verdadeiramente altruísta é um cérebro que aumentará as chances de sobrevivência do próprio indivíduo, contribuindo para a sua inserção e/ou permanência no grupo.

Alerto, entretanto, que não estou afirmando com isso que pessoas cujo altruísmo e capacidade de entrega para ajudar seus semelhantes foram verdadeiros marcos na história da humanidade sejam apenas o produto da seleção natural. Talvez a Ciência necessite considerar outros mecanismos para explicar graus de desprendimento tão elevados. Mas, em suas expressões mais corriqueiras e regulares, a lógica do "toma lá, dá cá" é suficiente para explicar o altruísmo valorizado, embora nem sempre praticado, na espécie humana. Assim como outros autores, chamo essa tendência para compartilhar meios de subsistência e preservar a integridade alheia de altruísmo. Outros estudiosos da evolução cerebral, a exemplo de Jonh Eccles, já optaram por chamá-lo de pseudoaultruísmo, sem negar a existência de um mecanismo como esse na espécie[32]. Em que pese o próprio fato de Eccles ser um darwinista que nunca negou o seu teísmo (ou mesmo um teísta que nunca negou o darwinismo), o fato é que preferiu um termo mais brando. Mas a expressão por ele sugerida é, no meu entendimento, problemática por denotar que não estaríamos falando de mecanismos genuínos. Na verdade, estamos falando de mecanismos genuínos. O fato de que possam existir manifestações de um altruísmo desvinculado de qualquer função adaptativa não refuta a ideia de existirem alguns processos mais básicos favorecidos pelas características sociais da nossa espécie. Não por acaso, alguns estudos atuais no campo da Neurociência indicam uma maior descarga de dopamina, perfazendo o circuito de recompensa quando alguns organismos se engajam em atos de ajuda ao próximo[33]. Ou seja, a maioria das pessoas sente-se melhor quando pratica boas ações. A existência desses mecanismos não está, no entanto, imune às influências sociais. Se existem, por exemplo, culturas que acabam por banalizar a violência e inibir nossas tendências pró-sociais, nelas, podemos facilmente deixar de lado tais mecanismos para responder a violência com mais violência. Ser violento, nesse caso, não tem nada a ver com ser psicopata. Sendo assim, a noção de que alguns dos nossos circuitos cerebrais foram evolutivamente moldados para funcionarmos em uma lógica de altruísmo recíproco não nos torna indissociavelmente afáveis. Apenas nos torna aptos a responder às emoções alheias de um modo eficaz. Afinal, conforme afirma o etólogo Matt Ridley, o grupismo é, acima de tudo, uma condição viabilizadora da seleção natural[34]. Uma vez que pertencemos à ordem dos primatas e não ao gênero *Phantera*, podemos aventar que uma lógica desse tipo operou sobre a evolução do gênero *Homo*.

Mas, novamente, saliento que não estamos no melhor dos mundos. Nem tudo funciona exatamente da forma como deveria funcionar. Às vezes, os circuitos que nos permitem teorizar sobre as mentes alheias falham e, com isso, algumas pessoas desenvolvem diferentes graus de autismo. Outras, o sistema de alerta para situações de perigo, que teriam sido mais letais para os nossos ancestrais, fica desregulado e desenvolvemos fobias diante de insetos, animais peçonhentos e fenômenos da natureza. Às vezes, os mesmos circuitos que nos permitem reagir e interagir com nossos semelhantes se mostram exageradamente responsivos a ponto de desenvolvermos fobia social. Tudo isso e muito mais acontece em nossas mentes pelo fato de que nem sempre as coisas funcionam como deveriam funcionar.

Fica claro, dessa forma, o uso que fiz da expressão disfuncionalidade. Acredito que essa palavra, em termos mais gerais, caracterize a psicopatia. Isso não significa dizer que ela seja suficientemente explicativa para que possamos entendê-la em todos os seus aspectos. Afinal, de que tipo de disfuncionalidade estamos falando? No parágrafo anterior, destaquei algumas desordens que envolvem funções mentais distintas e comprometem a capacidade de interação social em diferentes graus.

No caso da psicopatia, pode-se, inicialmente, considerar que essa disfuncionalidade diz respeito a uma hiporresponsividade. Isso significa dizer que psicopatas, de um modo bastante específico, respondem menos às emoções alheias. Torna-se importante compreender que o termo "hiporresponsividade" em seu sentido literal nada mais é do que uma menor responsividade.

Considero não apenas equivocado, como também pouco esclarecedor quando escuto, inclusive de alguns supostos especialistas no assunto, afirmações de que psicopatas "não sentem"; "não compreendem as emoções que os outros possam estar sentindo"; "não reagem aos outros" ou "não são capazes de vivenciar aquilo que se passa com os outros". São afirmações peremptórias, mas o principal problema não reside nesse aspecto. O principal problema está no fato de que exprimem uma negatividade ampla e irrestrita. Começam com um "não" e encarregam-se apenas de acomodar alguns verbos e objetos para caracterizar um psicopata. Acho até que seriam frases mais conspícuas e explicativas se fossem acompanhadas de um necessário complemento. Ou seja, psicopatas não são capazes de vivenciar aquilo que se passa com os outros da mesma forma que as pessoas que não apresentam esse transtorno. Não compreendem as emoções que os outros possam estar sentido do mesmo jeito que as pessoas normais.

É fácil entender a necessidade dessas especificações. Se afirmarmos que psicopatas não compreendem, não reagem ou mesmo não identificam e, portanto, não valorizam as emoções nos outros, então surge um questionamento inevitável. Se eles não conseguem fazer nada disso, então como conseguem manipular e, em muitos casos, manipular tão bem outras mentes? Conforme foi possível constatar no capítulo anterior, eles realmente conseguem. Então, que tipo de cegueira mental é capaz de tornar alguém absolutamente não responsivo à expressividade emocional alheia, tornando-o tão eficiente em jogar com ela?

A primeira retificação a ser feita nesse aspecto é que psicopatas reagem menos, ainda que identifiquem quase da mesma forma essas emoções[35].

Daí o fato de estar usando, neste capítulo, a expressão hiporresponsividade e não um outro termo com implicações mais severas, tal como incapacidade. Dito isso, pode-se destacar o fato de que estamos falando, nesse caso, de um padrão específico de hiporresponsividade. Trata-se daquilo que pode ser chamado de uma hiporresponsividade límbica.

O sistema límbico, em nosso cérebro, encarrega-se de dar uma espécie de colorido emocional para tudo aquilo que vivenciamos. Quando somos tocados por uma música de Chopin, por um solo aveludado de saxofone em uma música de jazz ou pela letra de uma bela canção de amor, estamos sendo, digamos, limbicamente reativos. É o próprio sistema límbico que nos permite dizer que um certa música ou um determinado poema mexe com as nossas emoções. Além disso, é também o próprio sistema límbico que nos permite reagir com pesar diante de uma cena triste. A perplexidade, a tristeza ou a revolta que podemos manifestar ao enxergarmos, por exemplo, uma criança sendo maltratada, um animal sendo mutilado ou um desastre vitimizando milhares de pessoas são mediadas por esse sistema em proporções ou sequências que podem variar de pessoa para pessoa. Mas não são essas pequenas diferenças que separam o normal do patológico. No caso da psicopatia, o que temos é uma tendência já consolidada para ser, genericamente, menos responsivo aos outros e, de um modo mais específico, aos diferentes sinais de que os outros estão sendo emocionalmente atingidos.

A psicopatia não é apenas uma forma atípica de enxergar os fatos a nossa volta, atribuindo a eles um colorido emocional diferenciado. Afinal, nesse aspecto, talvez estejamos falando da possibilidade de produzir "arranjos emocionais" a partir dos quais não existam, em termos de personalidade, dois iguais[36]. Eventos semelhantes afetam pessoas diferentes das mais diversas formas. No entanto, em se tratando de psicopatia, o que se observa é um padrão persistente e deficitário relacionado à atribuição do colorido emocional que perfaz a vida em sociedade. Um padrão suficientemente característico e socialmente problemático para ser classificado como um transtorno. Mas, descrever um fenômeno como um transtorno de personalidade não é o mesmo que negar as diferenças, como alegam alguns pensadores. Para tanto, acabam destacando o fato de que o homem normal não existe. Talvez, não exista. Somos essencialmente diferentes, porém, no caso da psicopatia, devemos entender que certas diferenças estão circunscritas a um modo bastante disfuncional de colocar-se em sociedade.

Uma vez escutei, enquanto palestrava em um congresso, um ouvinte contestar esse diagnóstico afirmando: "no fundo, todos nós somos um pouco psicopatas". Essa pessoa certamente não entendeu o que é ser um psicopata e menos ainda como funciona o cérebro de um. Por trás desse relativismo improdutivo, defende-se a noção de que se todos nós somos um pouco psicopatas então, na verdade, ninguém é, de fato, um psicopata. Mas alguns são psicopatas e, parafraseando George Orwell, dentre eles, uns são mais psicopatas do que outros, conforme irei detalhar em um dos capítulos deste livro.

A hiporresponsividade límbica em psicopatas não é um mero jogo de palavras pomposas. Pode ser comprovada quando são comparados indivíduos com pontuação suficiente no PCL-R para serem classificados como psicopatas com outros indivíduos cuja pontuação indica a ausência do transtorno[37]. Em diferentes tarefas de processamento de conteúdo emocional, observa-se que o sistema límbico de um psicopata não é ativado da mesma forma do que indivíduos normais[38]. Em alguns desses estudos, observa-se ainda uma ativação periférica ao sistema límbico para processar informações de conteúdo emocional que não ocorre em indivíduos sem o transtorno. É como se o cérebro de psicopatas alcançasse um modo compensatório de processar determinadas informações de conteúdo emocional.

O neurocientista Ramachandram chama a amídala cerebral de porta de entrada do sistema límbico[39]. Estudos que investigam diferenças não apenas neurocognitivas, mas também anatômicas em psicopatas mostram que essa "pequena amêndoa", conforme o significado do termo, é disfuncional em psicopatas em comparação a indivíduos normais[40]. A "porta de entrada do sistema límbico" exerce um papel crucial em nosso processo de socialização ou mesmo para a manifestação de comportamentos antissociais ou pró-sociais.

Imagine um cenário no qual estudantes caminham tranquilamente, solitários ou em pequenos grupos. Uma tranquilidade que acaba tão logo esses mesmos estudantes começam a avistar outros jovens caindo no chão e poças de sangue surgindo ao redor de seus corpos. Tudo que sabem é que alguém está atirando para matar, embora não saibam nem desconfiem de onde vêm os tiros. Passado algum tempo, descobrem que os tiros estão vindo do alto de uma torre e o atirador parece eleger alvos aleatórios. Aquilo que antes era um cenário tranquilo, se transforma em uma sequência aparentemente interminável de episódios de pânico e violência. Pessoas vão caindo a cada disparo e outras vão buscando algum local para proteger-se nesse caótico ambiente.

A situação destacada não é hipotética. Aconteceu em um episódio conhecido como o Massacre da Universidade do Texas. Charles Whitman, um antigo fuzileiro naval, colocou-se no alto de uma torre no campus da universidade e ali exercitou toda a sua destreza em tiros de longo distância, matando quatorze pessoas e ferindo mais de trinta. Só parou quando dois policiais conseguiram invadir a torre e matá-lo.

Whitman havia sido acometido por um tumor cerebral que atingiu diretamente sua amídala. É bastante possível e igualmente provável que esse fato não tenha sido uma condição suficiente para gerar uma conduta tão violenta. Considerando, no entanto, o que hoje se sabe sobre o papel dessa estrutura para a regulação de uma série de comportamentos, tal fato pode ter sido uma condição agravante para que Whitman fosse levado a realizar tal massacre no verão de 1966. Alguém violento tornou-se, dessa forma, ainda mais violento em decorrência de uma alteração anatômica específica.

Entretanto, estudos atuais também indicam que a amídala não pode ser concebida como uma espécie de *locus* absoluto da psicopatia[41]. Em outras palavras, em termos cerebrais, não é apenas ali que está o problema. Para entendermos, portanto, o que há de errado com o cérebro do psicopata, precisamos pensar não em estruturas isoladas, mas sim em circuitos dinâmicos. Pensar esses circuitos e o seu papel no processamento de informações sociais e não sociais é a proposta central da Neurociência Cognitiva. Uma área do conhecimento que agrega métodos de estudo da Neurociência com outros oriundos da Psicologia Cognitiva que estuda a forma como processamos, armazenamos e ponderamos as informações.

As áreas frontais do cérebro integram o chamado Sistema Executivo. Pode-se dizer que gerenciar comportamentos diretamente ligados ao processo de interação social é um dos seus principais papéis. Lesões em algumas partes específicas dessa região têm produzido alterações da personalidade muito próximas àquelas que se pode verificar nos quadros de psicopatia.

Um caso de alteração decorrente de lesão frontal encontra-se detalhadamente relatado no consagrado livro de Antônio Damásio chamado *O Erro de Descartes*. Nele, o autor apresenta-nos diferenças significativas entre um, pode-se dizer, antigo e um novo Pineas Cage. Afinal, esse era o nome de um trabalhador de uma estrada de ferro que, há mais de um século, acabou tendo seu crânio perfurado em um acidente durante a construção de uma ferrovia. Cage passou a ser outra pessoa depois disso. Mais irresponsável e impulsivo e bem menos preocupado com os outros e com seu próprio futuro.

Conheci um caso de paciente com lesão frontal em decorrência do qual este matou membros da família, cometendo, alguns dias depois, suicídio. Assim como o caso de uma estudante de nível superior que, meses depois de um acidente que gerou lesão frontal, colocou sua própria vida de cabeça para baixo. Largou os estudos e tornou-se prostituta. A questão aqui não é condenar ou aprovar, em termos morais, a profissão mais antiga do mundo e inseri-la no rol de comportamentos antissociais. O que fica evidente, nesse caso, é o fato de que alguém, que não precisava vender o corpo para sobreviver, optou por fazer isso, simplesmente abandonando a sua antiga e produtiva vida. Para usar as palavras de Damásio, esse transtorno parece gerar uma espécie de "miopia do futuro".

Na atualidade, sabe-se que a disfunção provocada por uma lesão desse tipo não produz exatamente os mesmos sintomas da psicopatia, mas sim uma síndrome bastante semelhante. Trata-se da chamada "sociopatia adquirida" ou "pseudopsicopatia". Essa semelhança, mas não equivalência, entre os dois quadros se explica, em grande parte, pelo fato de que a pseudopsicopatia decorre de lesões em áreas envolvidas na manifestação da psicopatia. No entanto, surge de um modo bem mais súbito e, ao que tudo indica, insuficiente para moldar alguns outros aspectos da personalidade a partir de tendências tão específicas[42].

Basta pensar, por exemplo, no caso do jovem que avaliei e cuja capacidade de manipulação destaquei no segundo capítulo. O mesmo jovem que conseguia manipular o interesse dos seus pares para praticar um assalto, colocando-os, estrategicamente, em uma posição de falsa "liderança". Características assim não surgem de uma hora para outra. Nossa personalidade é também o resultado de nossos erros e acertos. De nossas tentativas anteriores em usar estratégias interpessoais que se mostram mais ou menos eficazes, Charles Manson revela-se um exemplo notório desse "progresso" em termos de capacidade de manipulação. Ao crescer entre cafetões e estelionatários, parece ter aprendido com os melhores.

Quando afirmo que adolescentes não podem ser diagnosticados como psicopatas, não o faço na tentativa de ser politicamente correto. Como alguém que estuda e avalia a personalidade, sei que a personalidade de um indivíduo com dezessete anos ainda não está formada. Inferir, portanto, um transtorno personalidade já consolidado antes dos dezoito anos é um erro. Estudos atuais também sugerem que a formação completa das estruturas frontais do cérebro, incluindo o seu processo de mielinização, que permite uma melhor comunicação entre neurônios, estende-se até um pouco mais que isso em termos cronológicos[43].

A pseudopsicopatia não nos diz qual é a total dimensão da disfunção cerebral que atinge o psicopata, mas nos remete a estruturas cerebrais que estão diretamente relacionadas ao transtorno. Nesse sentido, um número significativo de achados atuais apontam que o córtex ventromedial exerce um papel crucial para isso, uma vez que contribui significativamente para a tomada de decisões e para o raciocínio social. Na atualidade, pressupõe-se que o córtex orbital, a partir da sua estreita interface com a ínsula, pode estar mais envolvido em mapear experiências agradáveis ou desagradáveis. O córtex ventromedial permitiria a avaliação mais direta quanto ao fato do indivíduo estar obtendo o que deseja ou evitando o que não deseja, porém a linha divisória entre essas estruturas pode ser difusa, um fato que faz com que alguns autores optem por usar apenas a palavra orbital para descrevê-las conjuntamente. De forma mais genérica ainda, lesões nessas áreas são descritas como frontais. Tais considerações, por si só, já sugerem que estamos falando de uma disfunção relacionada, sobretudo, a um circuito cerebral que se mostra menos responsivo e menos apto a inibir comportamentos antissociais.

Quando afirmo que o circuito cerebral se mostra "menos apto a inibir comportamentos antissociais", expresso a noção de comportamento em seu sentido mais amplo. Entendendo que aquilo que é observável se inicia em instâncias não observáveis. Em outras palavras, antes que, por exemplo, o assassino em série Ted Bundy tirasse a vida de sua primeira vítima, esse comportamento já estava surgindo em uma instância privada. Aquilo que é, portanto, exteriorizado em termos comportamentais só pode emergir da realidade interna do indivíduo. Dessa forma, antes de matar, Ted Bundy experimentou uma espécie de "impulso" para matar. Explicarei melhor essas questões no capítulo intitulado: "Quem, dentro do cérebro, decidiu matar."

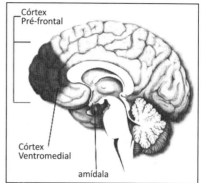

Por hora, uso o termo "impulso" sem a pretensão de ser mais explicativo quanto ao seu significado. Pretendo apenas, neste capítulo, destacar o fato de que quando alguém sente o desejo de matar e mata, pode-se considerar o fato de que as áreas frontais do seu cérebro não cumpriram plenamente a sua função. Ou seja, não inibiram e, portanto, não gerenciaram o comportamento a partir de valores filogeneticamente favorecidos e socialmente reforçados.

Afirmar que o cérebro não inibiu impulsos homicidas da forma como deveria também não faz com que essa particularidade, por si só, explique a psicopatia. Em um crime passional, por exemplo, a intensidade da emoção experimentada pode ser suficiente para gerar o mesmo desfecho com base em princípios semelhantes. Princípios que acabam tendo como resultado alguém matando outro alguém, principalmente pelo fato de que seu cérebro não gerenciou tamanha reatividade emocional.

No caso da psicopatia e de psicopatas homicidas para servir de exemplo, estamos falando de uma falha de gerenciamento conjugada a uma propensão para não atribuir o devido valor à vida alheia. Os assassinatos em série de Ted Bundy não podem ser explicados em função do "calor do momento". Bundy simplesmente sentiu vontade de tirar a vida de uma jovem com características físicas que lembravam uma ex-namorada que o dispensou e passou a fazer da aniquilação de outras vidas uma espécie de *hobby*. Mas como explicar tamanha frieza e crueldade?

Em termos daquilo que há de errado com o cérebro de um psicopata, não estamos restringindo o problema a uma hiporresponsividade límbica. Estamos, de outro modo, aludindo uma hiporresponsividade que não está sendo efetivamente gerenciada no que se refere ao seu papel causal para determinadas tendências comportamentais. Dito de outro modo, o fato de psicopatas não darem o devido valor à vida alheia é, ao mesmo tempo, uma causa direta e uma causa indireta para seus comportamentos antissociais. Essa hiporresponsividade não gerenciada contribui, nesses termos, não apenas para tendências comportamentais que podem ou não virar comportamentos específicos em circunstâncias específicas, mas, de uma forma mais direta, para o agravamento daquilo que é exteriorizado. Daí o fato que problemas na esfera afetiva e manifestação de comportamentos antissociais são, conforme destaca Hare, indissociavelmente característicos da psicopatia. Explico melhor. Se um sujeito se revela, ainda que de um modo mais recorrente, propenso a agir contra alguém, mas é capaz de inibir, ou pode-se dizer gerenciar essa mesma propensão, sou levado a crer que ele não seja um psicopata. Psicopatas são menos responsivos aos outros e agem, em maior ou menor proporção, contra os outros. Agem dessa forma não pelo fato de serem incapazes de compreender as implicações dos seus atos, mas sim pelo fato de achar que podem agir assim e o fazem sem arrependimentos. Além disso, a disfuncionalidade frontal verificada em psicopatas explica igualmente outras características relacionadas ao quadro, tais como uma menor capacidade de planejar o futuro, um maior grau de irresponsabilidade, impulsividade, descontroles comportamentais, entre outras características.

Enfatizar a existência de problemas de comunicação no circuito límbico-frontal ainda não é explicar tudo que está por trás de uma concepção biopsicossocial para o problema. Até o momento, não é possível precisar qual é o verdadeiro peso da carga genética para a consolidação desse transtorno. Sabe-se, no entanto, que a carga genética influencia, mas não determina[44].

Em parte, essa constatação provém de estudos relacionados à personalidade normal. Quando se estudam, por exemplo, gêmeos monozigóticos (que compartilham a mesma carga genética) e gêmeos dizigóticos (que compartilham metade da carga genética) criados em lares separados ou não, análise multivariadas fundamentadas na avaliação de suas personalidades revelam influências genéticas. Uma parte da variância pode, portanto, ser explicada com base nesses pedaços de DNA que orientam a estrutura e o funcionamento do organismo. Uma parte significativa de tendências comportamentais apresentadas por gêmeos dizigóticos ou monozigóticos, deve-se, no entanto, a outros tantos fatores ligados ao ambiente familiar e extrafamiliar no qual se desenvolveram[45].

Não é difícil aceitar uma influência genética para a personalidade quando entendemos que essa aceitação não implica elevá-la ao patamar de condição suficiente para determinar como um indivíduo age ou tende a agir. Em sala de aula, valendo-me de alguns recursos didáticos, muitas vezes improvisados, costumo inclinar uma mesa, colocando sobre ela um giz e fazendo-o rolar até o chão. Pergunto então para os alunos o motivo pelo qual o giz caiu. Ouço respostas relacionadas à lei da gravidade, ao formato do giz, às características da superfície da mesa, ao plano inclinado que, artificialmente, gerei. Logo depois, peço que os alunos reflitam sobre cada uma das condições necessárias para que a queda do giz ocorresse. Peço ainda para que reflitam sobre o fato de que, isoladamente, nenhuma delas acabou sendo uma condição suficiente para o fenômeno. Um giz não cai em um recinto sem gravidade. Também não cairá se a superfície da mesa se mantiver paralela ao solo ou se não for suficientemente lisa para que o giz role.

A lição, quando uso esse recurso didático simples e econômico, é que devemos pensar a partir de uma lógica semelhante em diferentes esferas da Psicopatologia. Dizer que a carga genética de um indivíduo pode ser uma condição necessária para a ocorrência de alguns transtornos não é o mesmo que dizer que seja uma condição suficiente. Evidências mais atuais indicam que uma hiporresponsavidade límbica pode estar no cerne da psicopatia. Entretanto, pode-se pensar, nesse caso, em uma hiperresponsavidade com origens genéticas, mas significativamente modulada pelas circunstâncias relacionadas ao desenvolvimento individual. A carga genética é, conforme essa perspectiva, uma condição necessária para o transtorno, mas não uma condição suficiente para a sua ocorrência.

Já fiz afirmações desse tipo e escutei objeções pertinentes para uma discussão aprofundada. Alunos ou profissionais levantando questões como: então significa que se alguém mata quatro ou cinco pessoas isso é algo que já está nos seus genes? Você está sugerindo então que o papel da educação é secundário para alguém se tornar um psicopata? Em um livro sobre como funciona a mente de um psicopata, é igualmente importante responder questionamentos como esses.

Alguém que mata quatro ou cinco pessoas pode ser um psicopata ou não. Estamos falando de um transtorno que reúne tendências comportamentais suficientemente próximas à conduta criminal a ponto de essa mesma conduta poder ser considerada para fins de diagnóstico. Mas, conforme estou exaustivamente destacando neste livro, não há equivalências.

Uma vez, em um congresso, proferi uma palestra sobre a semi-imputabilidade do psicopata para algumas centenas de pensadores e operadores do Direito. Alguém da plateia perguntou se um momentaneamente famoso traficante, que havia sido preso naquela semana acusado de matar vários dos seus desafetos, era um psicopata. Minha resposta foi tão direta quanto frustrante para a congressista que havia perguntado. Afirmei apenas que eu não sabia, pois não havia avaliado o sujeito e não tinha conhecimento de que uma avaliação confiável já tivesse sido feita por algum colega.

Uma longa história criminal não é sinônimo de psicopatia. Alguém que mata quatro ou cinco pessoas pode ser psicopata ou não. A prática de crimes dessa natureza pode ser sugestiva quanto à existência do transtorno? Inegavelmente, pode ser sugestiva, mas sua constatação está longe de ser suficiente para o diagnóstico. Portanto, crime nenhum está contido nos genes de ninguém. A tendência, e não mais que a tendência, para a consolidação de um transtorno de personalidade na idade adulta, capaz da aproximar manifestações comportamentais antissociais da conduta criminosa, pode estar.

Mas qual é o papel da educação diante de tendências que já podem estar contidas nos genes? A resposta para essa pergunta é de que o papel da educação é, no mínimo, fundamental na consolidação de tendências pró-sociais ou antissociais.

Voltemos ao Pleistoceno para entender essa questão. A vida em sociedade dos nossos ancestrais pode ter contribuído para a funcionalidade de estruturas encarregadas de gerar, por exemplo, comportamentos pró-sociais. Conforme já destaquei, trata-se da velha lógica do "eu ajudo você hoje e você me ajuda amanhã quando a necessidade for minha e não sua". Uma lógica atrelada a uma necessária responsividade emocional diante do outro. Algo como "Vamos funcionar então desse jeito, eu saberei das suas necessidades e você saberá das minhas quando identificarmos, um no outro, emoções correspondentes". Mas, uma vez que isso não foi um acordo racional ou uma deliberação coletiva, nossos mecanismos cerebrais encarregaram-se de fazer isso antes mesmo que pudéssemos, enquanto espécie, usar as palavras. Estamos falando, portanto, de mecanismos rápidos e eficientes ligados a uma reatividade emocional que não depende das palavras. Não por acaso, as reações emocionais que dependem de uma maior ou menor ativação da amídala já ocorrem em um bebê muito antes do desenvolvimento de sua recursividade linguística. Além disso, é importante ressaltar que essa estrutura, a amídala, encontra-se em significativo desenvolvimento anatômico até aproximadamente os primeiros cem meses, sofrendo ainda alterações em termos de substância cinzenta até o final da adolescência[46]. O desenvolvimento cerebral, como não poderia deixar de ser, é impactado pelo ambiente circundante.

Mas esses mecanismos também nos ajudaram a interagir com indivíduos bem menos altruístas e mais hostis. Nada mais adaptativo para uma espécie social do que funcionar dentro de uma lógica do tipo: "se você me ajuda eu te ajudo, mas, se você me agride, também serei levado a te agredir". O cérebro não poderia conter apenas respostas prontas para viabilizar a interação com o outro, em um ambiente no qual a principal pergunta era: "Afinal, quem é o outro?" .

O resultado é que temos um cérebro potencialmente pró-social, mas a questão é que tais mecanismos não nascem prontos. Dependem, em larga escala, das informações processadas em termos de ontogenia. Isso significa dizer que, mais do que tudo, ambientes hostis geram pessoas hostis e ambientes no qual as trocas afetivas e o altruísmo recíproco estão presentes geram pessoas empáticas e altruístas.

De outro modo, o que se observa na psicopatia é uma falha no circuito que torna o cérebro potencialmente pró-social. Alguns indivíduos podem, nesse sentido, virem ao mundo a partir de uma condição de distanciamento afetivo dos demais. Um distanciamento gerado por uma hiporresponsividade límbica que, no entanto, não se apresenta como condição suficiente para a ocorrência do transtorno. Isso explicaria o componente biológico do transtorno, mas, para entender seus componentes psicossociais, precisamos também pensar o papel da educação.

A educação mostra-nos em que mundo estamos. Permite-nos perceber, desde a nossa tenra infância, se estamos em um mundo no qual vale a pena ser pró-social ou em um mundo afetivamente não gratificante, no qual a melhor estratégia é nunca compartilhar e, sempre que possível, hostilizar. A educação é aquilo que permite que cérebros potencialmente pró-sociais ou cérebros potencialmente antissociais encontrem seu caminho no mundo, reforçando ou contrariando suas tendências mais primordiais. Não atribuo, portanto, outro papel à educação, senão um papel fundamental nessa mesma perspectiva biopsicossocial. Uma perspectiva que, nesse sentido, permite-nos entender, conforme salientei antes, que a genética influencia, mas não determina.

Resta-nos, no entanto, entender ainda algumas particularidades dessa influência. Pode-se erroneamente inferir, apesar dessa ponderação, que há nessa mesma perspectiva biopsicossocial da psicopatia uma certa redução causal para a violência. Afinal, o que está sendo afirmado, em última instância, é que a carga genética pode, mesmo assim, ser uma condição necessária, ainda que não seja uma condição suficiente para o surgimento do quadro.

A questão, no entanto, é que a causalidade da psicopatia está sendo considerada também a partir de influências genéticas, mas a violência tem uma dimensão muito mais ampla. Nas pesquisas que, juntamente com outros colegas, já desenvolvemos no Brasil, constatamos, por exemplo, resultados parciais que sugerem uma prevalência menor do que vinte por cento de adolescentes com traços de psicopatia em situação de privação de liberdade[47]. Isso também sugere que, em mais de oitenta por cento de adolescentes que lá estão, não foram constatados traços de psicopatia mais sugestivos quanto à consolidação do transtorno. É preciso separar, conforme os números sugerem, a etiologia da psicopatia da etiologia da violência. As pessoas desenvolvem tendências para o comportamento violento por diferentes motivos, estando a maior parte desses motivos ligados à realidade social. Psicopatas, por outro lado, desenvolvem tendências para o comportamento violento a partir de motivos que só podem ser entendidos com base em uma perspectiva biopsicossocial. Uma perspectiva que, conforme já destaquei, também reserva um papel fundamental para a educação.

A psicopatia é um transtorno de personalidade. Não é nada mais e nada menos do que isso. Pessoas que já vivenciaram situações de enorme violência podem tornar-se extremamente violentas, mas esse grau de violência, por si só, não as transforma em psicopatas. Já avaliei detentos que não foram diagnosticados como psicopatas, tendo, no entanto, uma história criminal mais grave do que alguns detentos com esse diagnóstico. As escalas que avaliam esse transtorno servem para sistematizar e tornar mais confiável o diagnóstico. Não devem, por certo, ser usadas para dimensionar a violência de indivíduos em conflito com a lei.

A opção que faço pelo expressão "distanciamento afetivo" para caracterizar a condição na qual um psicopata se encontra, já nas suas primeiras interações sociais, pode retratar essa perspectiva biopsicossocial. Em outras palavras, significa uma condição que pode ou não ser reforçada ou mesmo apaziguada, a partir das próprias interações sociais subsequentes. O circuito límbico-frontal é significativamente modulado por essas mesmas iterações. É, portanto, modulado por um ambiente que poderá propiciar um acolhimento afetivo ou uma total hostilidade.

Por trás de um entendimento desse tipo está a própria noção de que um distanciamento afetivo pode encontrar ou não condições de aproximação no próprio ambiente. Mas, conforme expliquei no primeiro capítulo, esse distanciamento não é um perfeito sinônimo de afastamento. Trata-se de uma hiporresponsividade modulada pelo ambiente, mas não exclusivamente forjada por ele. Não considero, de outro modo, que o assassinato de trinta e cinco mulheres ou mais possa ser explicado a partir de um contato precoce com a pornografia, conforme alegou Bundy. Um argumento desse tipo foi apenas improvisado diante de um destacado combatente da pornografia.

Quando se pensa em termos de uma hiporresponsividade influenciada, mas não determinada pelo ambiente, é plausível pensar também em alguns sinais precoces, indicativos de uma maior chance para o desenvolvimento da psicopatia na idade adulta. Esses sinais realmente existem e costumam ser investigados quando avaliamos a existência de traços de psicopatias em adolescentes.

Um exemplo disso refere-se aos maus-tratos com animais na infância. Não atribuir valor a uma vida e não ser tocado pelo sofrimento alheio, mesmo que seja o sofrimento de um animal, é um indicativo de que alguma coisa não vai bem no desenvolvimento desse agressor precoce. Mas novamente saliento que devemos abandonar qualquer raciocínio linear. Garotos que andam com uma funda no pescoço ou saem para caçar com suas armas de pressão não estão trilhando um inevitável caminho para a psicopatia. Sinais desse tipo só podem ser avaliados conjuntamente e com o devido conhecimento relacionado às características do transtorno.

Por outro lado, a questão salutar refere-se ao fato de que é também o mesmo sistema límbico, fundamental para gerenciar nossa vida emocional, que responde ou, de outro modo, precariamente responde ao sofrimento alheio. Em muitos casos, verifica-se que algumas crianças já manifestam um certo prazer mórbido e recorrente em infringir sofrimento a animais. Mas esse é, por certo, o sinal de que alguma coisa não vai bem na vida emocional daquela criança e não o atestado de que há, necessariamente, um quadro de psicopatia em curso.

Os maus-tratos aos animais nem mesmo integra um dos itens da escala para avaliar traços de psicopatia na escala Hare para jovens. Perguntas que nos levam a presumi-lo estão, no entanto, presentes no roteiro de entrevista que usamos para esses fins. Já escutei relatos de alguns adolescentes com traços de psicopatia que jogaram gatos em fios de alta tensão, colocaram bombas em cachorros, queimaram animais vivos, mutilaram aves e outras coisas desse tipo.

Toda essa criatividade poderia ser usada para fins bem mais nobres.

Não considero, tal como algumas pessoas alegam, que é um pouco sem sentido se engajar na defesa dos animais em uma sociedade que nem mesmo propicia as condições mínimas de subsistência para todos os nossos semelhantes. É um fato que a sociedade em que vivemos é agressivamente desigual. Infelizmente nela algumas pessoas abrem champanhes cujo valor pago permitiria alimentar algumas famílias por algumas semanas. Algumas delas saciam a sede de seus animais de estimação com água mineral importada, enquanto milhares de pessoas nem mesmo tem onde morar. Temos um cérebro potencialmente pró-social, mas a verdade é que nossos mecanismos altruístas tendem a ficar mais inativos em uma sociedade que nos embrutece.

Acredito, em contrapartida, que a defesa dos animais é aquilo que nos faz lembrar que somos verdadeiramente humanos. Quando nos mobilizamos com o sofrimento de um animal, estamos apenas recrutando nossos mecanismos mais básicos e, portanto, fundamentais para outras tantas ações nobres. Gatos e cachorros, ao contrário dos humanos com os quais interagimos, não possuem uma plena teoria da mente. Gatos e cachorros não simulam seus sentimentos e não monitoram nossas reações para manter ou desviar o curso de suas ações. Reagem apenas conforme as emoções que experimentam. Mobilizar-se em função dessas emoções é apenas responder diante daquilo que entendemos ser genuíno. É o primeiro passo para resgatar a crença de que nossos semelhantes, em alguns casos, simulam, mas nossos semelhantes, em muitos casos, também sofrem. Não por acaso, trabalhos clínicos relacionados à interação homem e animal têm gerado ótimos resultados no tratamento de crianças vítimas de maus-tratos. Alguns interessantes trabalhos têm sido feitos até mesmo na ressocialização de prisioneiros. Defender o direito dos animais é defender, antes de mais nada, a possibilidade de interações que nos permitem manifestar o que há de mais humano em nós, ou seja, a capacidade de trocar afeto.

De outro modo, já escutei muitos adolescentes privados de liberdade exprimirem sinais de uma plena capacidade de trocar afeto que se verifica também diante dos seus animais. Em uma determinada parte da entrevista com jovens, pergunto, por exemplo, se a pessoa já teve um animal ou ajudou a cuidar de algum animal. A partir dessa e de outras perguntas, investigo o tipo de interação que é capaz de estabelecer com animais de estimação ou mesmo com animais de rua. Perguntas relacionadas a momentos em que os avaliados podem ter se sentido estressados e descontado a raiva em um animal, mesmo em um animal de estimação, também são feitas. Já ouvi resposta, na maioria dos casos, coerentes com uma série de aspectos avaliados na entrevista, sugerindo uma saudável capacidade de apego. Um adolescente privado de liberdade respondeu, por exemplo, que não haveria o menor sentido em descontar seu estresse em um animal, considerando que o contato com o animal o ajudava a aliviar o próprio estresse. Essas pequenas, mas sugestivas diferenças, também assinalam a necessidade de tratamentos diferenciados para os adolescentes que cumprem medida socioeducativa de privação de liberdade no Brasil. Considerar essas variáveis em projetos mais amplos pode ser uma forma de o Estado assumir um papel reabilitador e não meramente punitivo para o adolescente em conflito com a lei. Até pelo fato de que muitos dos que hoje estão em instituições de privação de liberdade lá estão em função de um problema epidemiológico no Brasil, que é o consumo de *crack*. Não se pode, de forma alguma, afirmar que adolescentes em conflito com a lei são, na sua grande maioria, futuros psicopatas. Afirmar, de outro modo, que não existem adolescentes com traços de psicopatia na tentativa de evitar rótulos contraproducentes é defender, de um modo quase ingênuo, uma causa certa a partir do argumento errado.

Se há algo que está se tornando errado, em termos funcionais, no cérebro do psicopata, são os sinais disso que já começam a aparecer na infância. Esses sinais demandam identificação precoce e intervenções igualmente precoces. Daí a necessidade de que profissionais saibam avaliar algumas tendências que já começam a aparecer antes mesmo da adolescência. Afinal, conforme destaca Hare, ninguém nasce psicopata. Pode nascer, conforme faço questão de destacar neste livro, com algumas tendências ainda não consolidadas à psicopatia.

Negar isso é argumentar a partir daquilo que os filósofos chamam de Petição de Princípio. A Petição de Princípio é uma falácia não formal pela qual se tenta provar uma conclusão com base em premissas que já a pressupõem como verdadeira. Em linguagem mais coloquial, algumas pessoas chamam isso de "forçar a barra".

Se afirmo, por exemplo, que transtornos de personalidade não existem, afinal, somos apenas a manifestação de um devir e o que chamamos de personalidade não comporta regularidades passíveis de serem circunscritas em um transtorno, isso é uma petição de princípio. Afinal, a conclusão só deriva das premissas pelo fato de que já está sendo pressuposta nessas mesmas premissas. Ou seja, não há um mau uso da lógica nesse caso. Afinal, se somos apenas devir e se qualquer um de nós não manifesta um nível de regularidades comportamentais suficientes para serem circunscritas naquilo que chamamos de personalidade, então, nesse caso, transtornos de personalidade realmente não existem. Se o homem normal não existe e todos nós podemos, constantemente, ocupar diferentes segmentos da curva normal em diferentes momentos, quem poderia dizer que uma afirmação desse tipo é ilógica?

No entanto, quem poderia assegurar que as premissas são inquestionavelmente verdadeiras? Que tipo de estudo longitudinal sobre aquilo que somos nos permite refutar a existência de certas regularidades comportamentais que nos ajudam a pensar a personalidade? O que, de fato, atesta que cada um de nós seja apenas um constante devir no mundo? Que hipóteses falseáveis apontam que somos uma realidade que não se estabiliza a ponto de não poder ser descrita a partir de suas tendências comportamentais? Que não somos outra coisa senão mudanças que não cessam de acontecer?

O problema é que, em todos esses casos, deparamo-nos com uma série de argumentos de autoridade. Cada pensador diz uma coisa sobre o que somos, sobre nossas tendências comportamentais ou sobre a ausência delas. Não estou apresentando, diante disso, qualquer tipo de desvalorização aos mais recentes filósofos do devir, mas assinalando a total insuficiência dos seus argumentos para descontruir um diagnóstico. Discutir o caráter biopsicossocial da psicopatia não é mais uma questão que se restringe a citar alguns filósofos pós--estruturalistas, ainda que alguns deles não aprovem esse rótulo.

Discutir esse tema envolve, principalmente, considerar achados atuais da Neurociência Cognitiva. Achados que indicam que um psicopata é alguém cujas áreas do cérebro mais diretamente voltadas para a capacidade de processar e ponderar informações sociais não está funcionando da forma como deveria. Dito de outro modo, não está tornando viável interações sociais capazes de contribuir para a consolidação de tendências pró-sociais. Ao contrário disso, está, nesse sentido, agravando tendências antissociais. Já sabemos um pouco sobre essas alterações pelo fato de que diversos estudos de neuroimagem, e não petições de princípio, indicam isso.

Mas quem tem medo da Neurociência? Provavelmente, quem não entende as suas reais implicações. Qualquer estudo de neuroimagem é a foto de um momento e nunca um filme com início, meio e fim. Estamos apenas começando a compreender que por trás da psicopatia existe uma disfuncionalidade cerebral que só pode ser entendida a partir dos seus componentes biológicos, psicológicos e sociais. Investigá-la não é, e nem poderia ser, um retorno às ideias lombrosianas explicadas no capítulo anterior.

O diagnóstico da psicopatia é clínico em todos os seus aspectos. Significa dizer que depende de uma avaliação criteriosa, em nada substituível por qualquer exame dos seus correlatos neurais. Alguém que afirma que é possível ou será possível descobrir se alguém é psicopata apenas examinando seu cérebro não entendeu o que é ser um psicopata. Está elevando o uso de dados complementares que nos ajudam a investigar a etiologia do transtorno ao patamar de critérios diagnósticos suficientes para detectar a sua existência. Não se pode diferenciar um psicopata de um indivíduo sem o transtorno com base, por exemplo, nos métodos da ressonância magnética funcional. Para tanto, realizam-se complexas entrevistas de avaliação somadas a um cuidadoso cruzamento de informações. Os estudos no campo da Neurociência Cognitiva servem apenas para gerar dados sugestivos quando a uma possível e, em termos mais recentes, já evidenciada alteração no modo como o cérebro do psicopata processa informações sociais.

O presente capítulo procurou destacar alterações cerebrais que caracterizam a psicopatia. Ressalta-se, nesse sentido, o fato de que tais alterações remetem mais a um problema de comunicação entre áreas cerebrais distintas do que, propriamente, a uma alteração exclusivamente estrutural em uma única parte do cérebro. Para entender o que pode existir de errado no cérebro do psicopata é necessário, acima de tudo, entender o que, em termos de neuroimagem, está se apresentando de diferente quando indivíduos com e sem o transtorno são comparados. Em vez de apontarem causas isoladas, os estudos nessa área indicam substratos neurobiológicos para os quais convergem influências distintas. Influências que geram um modo de funcionar no mundo com padrões comportamentais suficientemente regulares e problemáticos para que possamos falar de um transtorno de personalidade. Um transtorno que também se caracteriza por um prognóstico desfavorável, mas que, ainda assim, não nos capacita a antever comportamentos futuros nas circunstâncias em que os avaliamos.

Além disso, afirmar que existem diferenças entre o funcionamento do cérebro de psicopatas em relação a indivíduos que não apresentam esse transtorno não é o mesmo que desconsiderar as diferenças individuais que perfazem esses grupos. Afinal, em termos de prevalência, podemos dizer que alguns representantes da nossa espécie são psicopatas, sem, no entanto, negar que, dentre os mesmos, uns são mais psicopatas do que outros.

Capítulo 5

ALGUNS SE TORNAM MAIS PSICOPATAS DO QUE OUTROS

Pedro, que por questões de preservação da sua identidade irei chamar dessa forma, cumpria pena em um presídio de uma grande cidade no qual realizei uma pesquisa há vários anos. O tempo previsto para a sua privação de liberdade decorria, principalmente, mas não exclusivamente, de penas relacionadas a crimes contra a vida. Pedro tinha, na época da entrevista, aproximadamente quarenta anos[48].

Pedro mostrou-se, desde o início, loquaz, ainda que não apresentasse um nível cultural capaz de destacá-lo dos demais presos que ali estavam. Manifestava uma descontração atípica, costumava fixar o olhar, aludia-me em alguns exemplos, sinalizando ainda outros comportamentos interpessoais mais característicos do quadro.

Quando, em uma certa parte da entrevista, perguntei para Pedro o que ele iria fazer quando estivesse solto, Pedro foi além do que costumo escutar quando faço perguntas desse tipo para indivíduos na mesma situação. Falou que tudo iria depender de como as coisas se apresentassem para ele no futuro. Seu comportamento seria o resultado de como a sociedade iria tratá-lo depois que saísse da prisão. Abandonar ou dar sequência a uma carreira criminal seria, conforme suas palavras, também o resultado disso.

Até essa parte, nada que indicasse qualquer reação exagerada. Afinal, mesmo que muitos detentos não verbalizem isso, sua trajetória criminal ou o término dela, depende, em grande parte, das condições que a sociedade oferece. Sabe-se, no entanto, que condições sociais realmente favoráveis para um indivíduo abandonar uma vida de crimes praticamente inexistem. Enquanto sociedade, carecemos significativamente de programas bem estruturados que possam oferecer possibilidades reais de reinserção social ao indivíduo que cumpre pena.

As penitenciárias que viabilizam programas desse tipo são exceções e não a regra. As observações que ele fez sobre isso não assinalavam, nesse sentido, nenhum elemento para uma maior pontuação nesse ou naquele item da escala.

Na sequência, Pedro começou a falar então da época em que participou de grupos de extermínio. Dentre as técnicas usadas pelo grupo estava a aplicação de seringas contaminadas por diferentes tipos de doenças contagiosas em indigentes. Pedro alegava que, sendo ele também um paciente acometido por uma doença grave, faria tudo novamente caso sentisse que iria morrer em função da doença.

Em outras condições, eu afirmaria que seria necessário entender o que poderia estar por trás de tamanha revolta. Mas, em tais condições, já estava claro o que havia por trás desses planos tão nefastos. A avaliação realizada com base na escala Hare indicou que Pedro era um psicopata com alta pontuação nesse instrumento.

Não eram delírios ou alucinações persecutórias que poderiam explicar a revolta de Pedro. Também não se tratava de um transtorno somático associado à condição na qual se encontrava. Pedro afirmou que talvez optasse por retaliações diante do fato de ser vítima de uma doença grave, pelo simples fato de achar que poderia fazê-lo. Já havia feito no passado e voltaria a fazer isso no futuro se achasse conveniente. Eu já havia entrevistado indivíduos com outras doenças graves antes; no entanto, nenhum deles acabou por expressar sinais de frieza associados a intenções como essas.

Pedro já havia protagonizado uma série de outros crimes demonstrando notória versatilidade criminal, além de ausência de remorso e significativa insensibilidade afetivo-emocional. Ao término da avaliação, lembro apenas de ter sugerido que ele conversasse com a psicóloga da instituição, dispondo-se a falar sobre o modo como estava enxergando a doença e o seu próprio futuro. Não costumo dizer aquilo que um avaliado deve ou não fazer, considerando que, em tais situações, estou apenas realizando uma pesquisa. Também não acho que alguns atendimentos psicológicos poderiam "curar" um psicopata tão característico com Pedro. Mas, na atualidade, sabe-se que a psicoterapia pode abrandar alguns sintomas do quadro. Dessa vez, abri uma exceção e sugeri a procura por atendimento, mesmo sabendo que ainda faltaria muito tempo para que o avaliado acabasse progredindo de regime no cumprimento da sua pena. Pedro teria, nesse sentido, um significativo tempo para repensar seus planos.

Sua pontuação, considerando seus atos antissociais e outros tantos aspectos da sua personalidade, foi de trinta e seis. Ou seja, uma pontuação alta em termos comparativos a outros psicopatas que já avaliei naquela ou em outras instituições prisionais. Mas o que significa uma pontuação mais alta na escala? Será que podemos dizer que alguns são mais psicopatas do que outros? Por que razão alguns parecem ir bem mais longe em sua trajetória criminal? De que forma, alguns se tornam, até mesmo, assassinos em série?

Um notório exemplo disso se refere a um assassino de nome Dennis Lynn Rader, nascido em 1945 e conhecido como BTK, cuja sigla significa Bind-Torture-Kill (Amarrar-Torturar-Matar). Em 1974, ou talvez antes disso, BTK iniciou sua carreira como *serial killer*, amordaçando, espancando e matando um jovem casal e seus dois filhos. No mesmo ano, uma jovem de vinte e um anos morreu quase da mesma forma pelas mãos desse assassino. BTK, no entanto, não se satisfazia apenas em matar de uma forma sádica, provocava as autoridades, enviando cartas, poemas sobre seus crimes ou amarrando objetos nos corpos de suas vítimas. Sabe-se, até o momento, que dez crimes foram cometidos por BTK, sendo a maioria deles na década de setenta, mas, como só foi capturado em 2005, também cometeu crimes na década de oitenta e noventa. Chama a atenção o fato de ter sido detido somente depois de décadas de atividade. Na condição de um membro ativo da igreja, funcionário municipal e responsável por uma equipe de escoteiros, BTK passava, como ninguém, a imagem de um cidadão acima de qualquer suspeita. Como muitos assassinos em série, operava dentro de uma lógica do tipo: "falem mal, mas falem de mim". Tentava sempre fazer com que seus crimes repercutissem na mídia e se encarregava de empreender um certo "*marketing* pessoal" para isso, sem revelar a sua real identidade.

No tribunal, BTK manteve-se espantosamente calmo. Falou de seus crimes como quem relata os momentos em que esteve na fila de um banco. Não se mostrou teatral como Ted Bundy, mas uma completa ausência de emoção caracterizou a sua forma de responder aos questionamentos que eram feitos. Em entrevista concedida ao psicólogo forense Robert Mendoza, foi igualmente capaz de descrever seus métodos para torturar e matar, de forma bastante detalhada e não menos fria.

Assassinos em série não são necessariamente psicopatas e psicopatas não são necessariamente assassinos em série. Achados atuais indicam que mais de oitenta e seis por cento dos assassinos em série envolvidos em crimes sexuais alcançam pontuações sugestivas de psicopatia conforme os critérios estabelecidos por Robert Hare[49]. Mas o que precisamos considerar, para efeito das análises propostas, é que a grande parte dos indivíduos com pontuação suficiente para o diagnóstico de psicopatia não acaba indo tão longe em sua trajetória criminal. Assassinos em série são, dentre os psicopatas, um grupo minoritário. Uma vez que estudos de prevalência estimam um percentual de 1% no que se refere à psicopatia na população em geral, o percentual de assassinos em série seria muitíssimo inferior[50]. Afinal, não estamos colidindo com assassinos em série em cada esquina, toda vez que saímos para uma caminhada no bairro. De outro modo, sabe-se que existem alguns psicopatas que acabam indo realmente longe no que se refere às suas tendências antissociais. Mas, por quê?

Gosto de pensar que uma concepção mais eclética sobre o funcionamento da mente tem mais a dizer do que teorias isoladas. A Ciência trabalha com níveis distintos, e, na maioria das vezes, complementares de explicação. O cientista cognitivo Douglas Richard Hofstadter consegue, de um modo surpreendentemente didático, dizer-nos a importância de considerar esses níveis de explicação a partir de um exemplo corriqueiro.

Suponha que um longo engarrafamento, em uma grande metrópole, inicie logo depois de uma falha mecânica em um veículo utilitário comum. Alguém que observa tal situação em um helicóptero realizando um voo pairado poderá valer-se de diferentes explicações para o engarrafamento. Dentre elas, não estará sendo considerada uma falha na vela de ignição de um único veículo que pode ter iniciado isso tudo. Por outro lado, aludir apenas a falha na vela de ignição de um único veículo não seria suficientemente explicativo para entendermos um engarrafamento com enormes proporções. Ou seja, em um fluxo de veículos que já apresentava problemas, seja em função da quantidade de automóveis, dos tempos de sinaleira, da estreiteza de algumas vias, um problema na vela de ignição de um veículo constitui-se apenas como parte da explicação. Menos informativo seria aludir o que acontece na válvula de ignição em um nível molecular para explicar o engarrafamento. É um fato, entretanto, que tudo isso está acontecendo e possui relação causal com o fenômeno. A pergunta que precisa ser feita é, considerando as particularidades desse mesmo evento, qual é o nível de explicação ou quais são os níveis de explicações suficientemente informativos para que se compreenda o que está acontecendo em um cenário complexo? Muitas vezes, considerar um único nível de explicação não basta. Precisamos ir além de uma simples descrição dos mecanismos mais básicos envolvidos, ainda que, em termos causais, eles estejam envolvidos.

Isso significa dizer que não posso explicar o sadismo de um psicopata descrevendo apenas os eventos neuroquímicos no seu cérebro. Um outro nível de explicação relacionado à hiporresponsividade límbica também poderia não ser suficiente. Com base em uma concepção mais eclética, posso então pensar que algumas explicações psicodinâmicas sejam pertinentes. Recrutá-las também pode ser uma alternativa concordante com a visão dimensional da psicopatia, que me permite ir além de uma visão meramente categorial. Dito de outro modo, Hare, assim como outros estudiosos do tema, defendem que a psicopatia pode ser melhor compreendida a partir de seus aspectos quantitativos. Não é, nesse sentido, um fenômeno do tipo tudo ou nada, mas sim uma realidade capaz de ser explicada também a partir dos seus aspectos dimensionais[51]. Uns são, desse modo, mais psicopatas do que outros. Isso não significa dizer que todos nós sejamos um pouco psicopatas, conforme expliquei no capítulo anterior. A fronteira entre o normal e o patológico, nesse caso, pode ser tênue para uma determinada dimensão do transtorno, mas isso não significa que seja inexistente. Essas asserções serão também explicadas em capítulos posteriores.

Cita-se como exemplo novamente o caso de alguns assassinos em série. Além dos percentuais já destacados, envolvendo uma maioria absoluta de psicopatas dentre eles, percentuais bem menores também indicam apenas traços de psicopatia em uma parte deles, embora não indiquem, nesses casos, a presença do transtorno propriamente dito. Assassinos desse tipo também podem adquirir um padrão serial a partir de outros fatores, incluindo sintomas psicóticos que os inserem em um subgrupo caracterizado por um funcionamento mais desorganizado.

Para tornar isso mais claro, menciono novamente alguns exemplos relacionados às avaliações que fiz. Diante delas, as questões que podem ser colocadas são: Será que existe diferença entre um indivíduo que pontue trinta na escala e outro cujos escores estão, por exemplo, seis dígitos acima? Uma vez que repetidos estudos feitos com essa escala sugerem a plena existência do transtorno em escores iguais ou superiores a trinta, o que muda para quem está cinco ou seis pontos acima dessa zona limítrofe?

Ainda não fizemos um estudo mais detalhado sobre os itens da escala para jovens ou mesmo para adultos que poderiam ter maior valor discriminativo em uma amostra brasileira para distinções desse tipo. Minha experiência, permite-me, de outro modo, inferir que algumas manifestações do quadro apresentam um certo nível de mudança em posições diferentes desse espectro. Essas manifestações estão, na sua maioria, associadas à conduta criminosa. Ou seja, uma vez que as escalas foram elaboradas para fins de avaliação em ambiente forense, diferenças no padrão comportamental associado ao quadro estão relacionadas à conduta criminosa de uma forma mais direta. Volto a destacar que essas inferências não valem para os muitos psicopatas soltos, considerando que a escala Hare é precária para avaliações fora do contexto carcerário. Mas, nesse mesmo contexto, minha experiência indica que diferenças entre pontuações limítrofes para o diagnóstico e pontuações altas se associam mais a comportamentos do que a problemas na esfera afetiva. Em outras palavras, os critérios relacionados à avaliação da conduta antissocial, e nesse caso criminosa, contribuem mais para diferenças na pontuação que separam psicopatas limítrofes de psicopatas com sintomas mais intensificados. O mesmo não ocorre quanto às diferenças que separam psicopatas de não psicopatas, uma vez que, nesse caso, os itens relacionados a problemas na esfera afetiva acabariam tendo um peso maior.

Em geral, identifico praticamente o mesmo nível de insensibilidade afetivo-emocional, indiferença, superestima e ausência de remorso em um estelionatário classificado como psicopata em comparação a um psicopata que já cometeu três ou quatro latrocínios. As pontuações desses itens tendem, conforme revelam alguns estudos de análise fatorial, a andar, de um modo geral, juntas em amostras heterogêneas. É bem verdade que o estelionato e a contravenção também fazem suas próprias vítimas, arrasando vidas de uma forma quase tão devastadora quanto alguns crimes tidos como mais graves. Pessoas morrem em filas de hospitais, ao mesmo tempo que alguns se apropriam do dinheiro público como se esse mesmo dinheiro estivesse vindo do planeta Marte. Como se tal apropriação não representasse um sucateamento cada vez maior em hospitais e escolas que necessitam enormemente de verba pública. Não quero, a partir dessas considerações, defender a inconclusiva ideia de que alguns psicopatas são "piores" do que outros, considerando que alguns estão presos e outros não. Procuro, em um primeiro momento, ressaltar que alguns manifestam certos sintomas passíveis de serem avaliados pela escala Hare de forma mais intensa que outros.

  Tudo isso significaria, na prática, que alguns são mais psicopatas do que outros principalmente em função de irem mais longe no que se refere à manifestação dos comportamentos criminais para os quais se mostram propensos. Um significativo nível de frieza emocional diante dos outros caracteriza os dois grupos, mas comportamentos antissociais mais graves e frequentes costumam separar psicopatas limítrofes daqueles com sintomas mais proeminentes. Mas a escala Hare não é, por certo, nenhum tipo de "periculosômetro", para usar aqui a expressão do jurista Eugênio Zaffaroni. Dessa forma, não estou afirmando que alguns pontos a mais ou a menos em itens específicos do instrumento possam, desde já, ser usados como critérios para separar criminosos que devem ou não progredir de regime no contexto brasileiro. O que estou afirmando, na condição de pesquisador, é que temos apenas boas hipóteses para continuar pesquisando. Continuar, dessa forma, investigando a capacidade discriminativa desse instrumento e os dados propiciados pelo seu uso que possam contribuir para um entendimento cada vez melhor de como funciona a mente dos psicopatas.

  Mas, para além da Psicometria, o fato é que existem alguns mecanismos que estão bastante acentuados em alguns psicopatas, embora estejam menos acentuados em outros. Dentre eles, destaca-se o sadismo. Os componentes sádicos ligados a algumas condutas antissociais demandam um nível de explicação que não pode ser reduzido à neurobiologia do transtorno. Mas, tal como no exemplo do engarrafamento de trânsito, não devemos deixar de enxergar uma relação causal engendrada nesse mesmo nível. Dito de outro modo, a hiporresponsividade límbica continua estando por trás da frieza do psicopata. É possível até que graus distintos relacionados a essa hiporresponsividade, que necessitam ser mais bem investigados, expliquem, em parte, o aspecto dimensional da psicopatia. Assegurando, dessa forma, que realmente não podemos falar de um transtorno do tipo "tudo ou nada".

  Por outro lado, ser "mais hiporresponsivo", ou seria mais elucidativo dizer, ser ainda menos responsivo quanto às emoções alheias não explica a razão pela qual um psicopata pode ser sádico em maior ou menor grau. Nesses termos, afirmo que um entendimento psicodinâmico tem contribuições oportunas nesse campo. Um sádico pode ser alguém capaz de manifestar um significativo distanciamento afetivo em relação aos outros. Estaria, nesse sentido, suficientemente distanciado do sofrimento alheio a ponto de não manifestar reações empáticas e pró-sociais diante dele. Esse distanciamento afetivo não torna imperceptível o sofrimento alheio, até pelo fato de que causá-lo ou intensificá-lo é motivo de prazer para o psicopata sádico.

O prazer sádico pode ser pensado a partir de uma noção de positividade não redutível a uma condição de hiporresponsividade em psicopatas. Ou seja, explica-se como um elemento que alguns psicopatas têm a mais do que outros e não como um tipo de reação que alguns tem a menos do que outros. Não estou dizendo que o prazer sádico não tenha seus correlatos neurobiológicos em um psicopata, estou dizendo que explicá-lo nesse nível pode não ser a melhor opção epistemológica. Para um melhor entendimento desse fenômeno, não podemos, nesse caso, optar pela simples descrição dos seus elementos constitutivos mais básicos. Se pretendo explanar por que alguns psicopatas são mais sádicos do que outros, não devo apenas dizer que alguns têm cérebros menos responsivos às emoções alheias do que outros, embora isso possa fazer parte do entendimento. Porém, a principal explicação parece residir em aspectos psicodinâmicos que viabilizam a obtenção do prazer ou o afastamento da dor, conforme as condições de desenvolvimento de cada um. Afinal, conforme destaquei antes, a evolução não favoreceu um cérebro que pudesse conter todas as respostas em um cenário que se encarregava de mudar as perguntas. Somos o que somos pelo fato de que manifestamos propensões genéticas, mas somos o que somos pelo fato de sermos igualmente capazes de gerar padrões comportamentais com base nas informações que processamos. Sendo assim, o nível de hostilidade experimentada no processo de desenvolvimento, bem como as situações de vitimização vivenciadas nesse processo podem explicar alguns componentes sádicos da personalidade.

Não estou certo sobre em que medida é possível presumir a recorrência de mecanismos de projeção e identificação que alguns psicanalistas concebem como estando no cerne comportamentos sádicos e masoquistas, mas, tal como eles, entendo que existe um dinamismo não consciente por trás disso tudo. Não fomos filogenicamente levados a vivenciar um deleite diante do sofrimento alheio. Quando isso ocorre, é bem possível que estejamos falando de uma perversão, embora o próprio Freud tenha dado a esse termo um sentido mais amplo. Mas, tomado aqui como um desvio do curso normal de nossos instintos mais primordiais, sou levado a crer que tal mecanismo pode, posteriormente, apresentar-se como uma compulsão que contribui para o indivíduo lidar melhor com sobrecargas emocionais envolvendo eventos específicos. Em outras palavras, vítimas podem tornar-se, em muitos casos, perpetradores diante da agressão sofrida. Em tais casos, o prazer decorrente da dor infringida atrela-se, antes de tudo, a mecanismos forjados para aliviar a dor sofrida. Psicopatas também manifestam, como não poderia deixar de ser, mecanismos desse tipo, apresentando, em tais casos, um maior grau de sadismo em seus comportamentos antissociais. Nesse caso, não estamos falando de condições necessárias e, menos ainda, suficientes para o surgimento da psicopatia, mas, possivelmente, de condições agravantes para o quadro.

Entendo que quando se tem um indivíduo, em termos afetivos, distante dos demais, desenvolvendo-se em um contexto incapaz de viabilizar aproximações e capaz de fomentar ainda mecanismos de reparação ligados a possibilidade de infringir dor aos outros, tem-se então um psicopata sádico. Um entendimento desse tipo é coerente com o próprio fato de que nem todos os sádicos são psicopatas e nem todos os psicopatas são sádicos. Sugere, além disso, que psicopatas sádicos podem ser verdadeiramente perigosos.

O sadismo está, conforme ressaltado, ligado a uma noção de positividade. Nem todo psicopata experimenta um "algo a mais" ao infringir dor em seus semelhantes. Alguns podem infringir dor como simples estratégia de tirar o outro do seu caminho. Mas não há, nesse funcionamento, uma espécie de deleite ligado a uma situação tão específica. Uma significativa indiferença ao outro pode ser motivo de torturar ou matar quando o caminho é inconvenientemente atravessado pelo outro. Porém, o sadismo envolve uma motivação adicional e, portanto, um componente que torna o quadro ainda mais grave. BTK foi um psicopata sádico e suficientemente narcisista para obter prazer amarrando, torturando e matando suas vítimas e, logo em seguida, anunciar aos quatro cantos que conseguia fazer isso sem ser apanhado. Essa combinação de fatores fez dele um assassino em série organizado e bastante motivado a empreender um *marketing* pessoal envolvendo novas e estarrecedoras mortes.

O chamado Índice da Maldade, uma escala elaborada pelo psiquiatra Michael Stone, ajuda-nos a entender a implicação de diferentes manifestações do comportamento antissocial, incluindo o comportamento de psicopatas. Esse instrumento, cujos critérios de pontuação em nada se assemelham ao PCL-R, parte, no entanto, de uma perspectiva valorativa sobre as ações humanas. Perspectiva essa, no meu entender, pouco útil para a Ciência, conforme irei explicar no sétimo capítulo. Mas é também uma perspectiva interessante e capaz de despertar a curiosidade do grande público, respaldando uma série de documentários sobre o tema.

Nessa escala, observa-se, por exemplo, que os primeiros níveis em uma pontuação que varia de um até vinte e dois estão reservados para assassinos não psicopatas. O nível um de maldade refere-se, nesse sentido, a pessoas que matam em legítima defesa. O nível dois e três, respectivamente, para amantes ciumentos e cúmplices voluntários de outros assassinos. Níveis ligeiramente superiores abarcam assassinos que matam em momentos de impulsividade extrema, raiva ou por outros motivos. Somente no nível nove da escala menciona assassinos ciumentos com traços de psicopatia. Uma relação direta com a psicopatia aparece, no entanto, somente o nível onze, destacando assassinos psicopatas que matam pessoas que estão em seu caminho. O que significa dizer que, a partir desse nível, a maldade é mensurada em psicopatas, estando os níveis inferiores reservados a indivíduos que não apresentam esse diagnóstico. Stone procura, desse modo, assinalar o fato de que, conforme os critérios que perfazem o instrumento, alguns psicopatas são mais maldosos do que outros[52]. Particularmente, prefiro dizer que alguns são socialmente mais prejudiciais que outros.

No nível doze, o índice da maldade apresenta então psicopatas com sede de poder que matam quando encurralados. No nível treze, encontram-se psicopatas bizarros que matam em acesso de fúria. Já o nível seguinte descreve psicopatas cruéis e egocêntricos que planejam assassinatos em benefício próprio. O nível quinze, no qual Stone inseriu o próprio Charles Manson, seria reservado a psicopatas que cometem matanças desenfreadas ou múltiplos assassinatos.

Conforme o autor da escala, Manson não era o pior dos piores, tal como destacou a revista *RollingStone*. O fato de não ter, ele mesmo, cometido os assassinatos foi considerado nessa pontuação proposta por Michael Stone. Já Ted Bundy estaria, conforme Stone, no nível dezessete, sendo considerado um psicopata sexualmente perverso e assassino em série.

Somente a partir do nível dezoito, o autor começa a considerar a tortura; porém, esse mesmo nível contempla assassinos torturadores para os quais o assassinato é o motivo principal e a tortura não é prolongada. O nível dezenove inclui psicopatas que fazem terrorismo, subjugação, intimidação e estupro, mas sem assassinato. Os dois últimos níveis da escala são reservados, respectivamente, para psicopatas que torturam até o limite, mas não matam, e psicopatas assassinos e torturadores para os quais a tortura é a principal motivação.

Conforme Stone, no topo da lista estariam, portanto, psicopatas para os quais a morte não é o fim maior, mas a possibilidade de infringir dor antes dela é a principal razão dos seus atos. É bem verdade que o instrumento não considera plenamente o quão ativo pode ser esse indivíduo em suas práticas. Uma pessoa que torturou e matou trinta pode ser não apenas mais perigosa, como também mais maleficamente motivada, para usar uma terminologia concordante com a escala, do que outra que matou sete. Mostra-se, para usar a linguagem que acho mais conveniente, socialmente mais destrutiva. De qualquer forma, o mérito de Michael Stone consiste em chamar a atenção para o fato de que psicopatas não agem sempre da mesma forma e pelos mesmos motivos e, portanto, não podem ser diagnosticados somente a partir dos seus atos. Além disso, aspectos relacionados à tortura, subjugação, estupro, intimidação, entre outros, devem ser considerados quando desejamos conhecer seus *modus operandi*.

Poucos apresentaram um *modus operandi* tão estarrecedor como um assassino em série chamado David Parker Ray, nascido em novembro de 1939, acusado de ter torturado e matado várias mulheres. Suspeita-se que o número ultrapasse seis dezenas, embora Ray não tenha sido acusado e condenado por todos esses crimes.

David Parker Ray foi um garoto tímido que sofreu uma série de abusos físicos na infância. Quando adolescente, passou a fazer uso de álcool e drogas, mas os fatos apurados indicam que sua carreira criminal envolvendo tortura e mortes se iniciou na idade adulta.

Tornou-se conhecido como o assassino da caixa de brinquedos, ao montar uma espécie de câmara de tortura em um velho *trailer* próximo a sua residência. Nesse mesmo local, a polícia encontrou chicotes, correntes, presilhas, correias, lâminas, serras e outros objetos usados em suas sessões de tortura. Era nela que Ray prendia suas vítimas, infringindo longas sessões de torturas e violência sexual antes de matá-las. Conforme as palavras que o próprio Ray usou, "brincava" com as mulheres capturadas, usando tais objetos antes de matá-las. Mulheres que eram por ele chamadas de "pacotes".

Em alguns episódios desse tipo, chegou a produzir fitas de áudio para registrar esses momentos de puro sadismo. Surpreende ainda o fato de que David Parker Ray, contou, em muitos desses episódios, com a ajuda direta da sua namorada Cindy Hendy. Posteriormente, Cindy tornou-se uma das suas acusadoras na tentativa de abrandar a própria pena. Quando perguntada por que não interviu em algumas dessas situações, apenas respondeu que os tais "pacotes" pertenciam a ele e ela preferiu não interferir. Conforme a pontuação proposta por Michael Stone, Ray ocupa o nível vinte e dois do índice da maldade, reservado para psicopatas assassinos e torturadores para os quais a própria tortura que precede a morte é o objetivo principal. Não saberia, no entanto, dizer qual a sua pontuação no PCL-R, uma vez que desconheço qualquer avaliação que tenha sido feita por um profissional da área, antes da sua morte na prisão no ano de 2002.

No mesmo nível, é colocado o assassino em série, Andrei Chikatilo, nascido em 1936 na Ucrânia. Andrei era descrito como uma criança estudiosa e, mais tarde, como um adolescente constantemente atormentado pelos colegas, além de inseguro e problemático quanto à sua sexualidade. Nos anos de 1978 até 1990, matou mais de cinco dezenas de pessoas, sendo a quase totalidade das vítimas mulheres e crianças. Mutilou algumas e cometeu atos de canibalismo com outras, influenciado, provavelmente, pelas histórias que escutava na adolescência, em uma época que a fome assolava a região.

De um modo distinto de Bundy, a situação desencadeante para o início dos assassinatos em série que realizou não esteve atrelada a uma rejeição da namorada. Conforme descrevem alguns estudiosos da trajetória criminal de Chikatilo, sua frustração diante de uma reprovação para o curso de Direito na Universidade de Moscou parece ter acionado seu furor assassino. Depois desse fato, voltou-se para uma longa e quase ininterrupta trajetória de torturas seguidas de assassinatos, escolhendo suas vítimas principalmente em estações de trem e ônibus.

Preso em novembro de 1990, submeteu-se, depois disso, a uma criteriosa avaliação sobre sua própria capacidade de responder pelos crimes que cometeu. Foi considerado mentalmente são, sendo, portanto, inteiramente capaz de discernir entre o certo e o errado e agir conforme esse mesmo entendimento. Definiu-se como sendo uma "besta louca" que merecia morrer, e foi executado em fevereiro de 1994.

Novamente, pode-se fazer um questionamento sobre que espécie de loucura Chikatilo enxergou em si mesmo a ponto de definir-se desse modo. Uma loucura, por certo, incapaz de atormentar seu juízo crítico sobre os fatos, mas capaz de interferir em seu senso moral, alimentando uma incessante vontade de matar outros seres humanos.

Tal como muitos estudiosos do tema, entendo também que o psicopata, apesar do fato do transtorno apresentar-se em níveis distintos, não pode ser considerado como alguém inimputável. O que significa dizer que, não sendo uma espécie de "desvairado", deve responder por seus crimes. Esses princípios são, na atualidade, vigentes em muitos países no mundo todo. No Brasil, os exames de responsabilidade penal podem levar indivíduos classificados como portadores do Transtorno de Personalidade Antissocial a serem inseridos na categoria jurídica referente à semi-imputabilidade.

O Código Penal Brasileiro, no parágrafo único do artigo 26, prevê que: A pena pode ser reduzida de um a dois terços se o agente, em virtude de perturbação de saúde mental ou por desenvolvimento mental incompleto ou retardado, não era inteiramente capaz de entender o caráter ilícito do fato ou de determinar-se de acordo com esse entendimento. Trata-se, nesse caso, da semi-imputabilidade ou responsabilidade diminuída, considerando que esta não envolve uma exclusão da culpa.

Já as doenças mais, pode-se dizer, comprometedoras do juízo crítico, a exemplo de esquizofrenias e outras, podem fazer com que o indivíduo seja inserido na categoria de inimputável, uma vez que esse mesmo artigo especifica que: *É isento de pena o agente que, por doença mental ou desenvolvimento mental incompleto ou retardado, era, ao tempo da ação ou da omissão, inteiramente incapaz de entender o caráter ilícito do fato ou de determinar-se de acordo com esse entendimento.* A inimputabilidade também incide sobre menores de dezoito anos sujeitos, de outro modo, às normas estabelecidas por legislação especial.

Tenho defendido a ideia de que prever a semi-imputabilidade para o psicopata é coerente com achados científicos mais atuais nesse campo. Isso não significa dizer que o legislador foi feliz ao estabelecer, em termos de parâmetros legais, o que poderia ser feito com o psicopata no que se refere ao binômio "pena e tratamento".

Na época que ainda era um estagiário de Psicopatologia, deparei-me com o problema do que fazer com o psicopata, considerando as alternativas que temos no Brasil. Instituições psiquiátricas forenses ainda recebem indivíduos que não são plenamente inimputáveis e para os quais o tratamento medicamentoso e o acompanhamento terapêutico que pode ser feito nesses locais é ineficaz. Logo, tem-se, em um mesmo ambiente, um indivíduo que matou a família por ter escutado uma voz que o orientou a agir assim e outro que matou um de seus desafetos pelo fato de entender que essa pessoa simplesmente deveria morrer. Não é preciso muito esforço para prever que, nesse tipo de ambiente, psicopatas irão subjugar e explorar psicóticos por condições óbvias relacionadas ao tipo de comprometimento cognitivo que caracteriza cada um dos quadros.

Em que pese, no entanto, o fato de a psicopatia apresentar-se em níveis distintos quanto à manifestação dos seus sintomas mais característicos, afirmo que a semi-imputabilidade é, ao menos em termos da realidade por ela circunscrita, aceitável. Ou seja, psicopatas são, de fato, indivíduos que apresentam uma menor capacidade de autodeterminação, ainda que possam compreender plenamente o caráter ilícito dos seus atos.

Deixarei para explicar o que pode estar por trás da presumida capacidade de autodeterminação em todos os seres humanos para o próximo capítulo. Em termos jurídicos, por hora, basta destacar o fato de que o Direito Penal não tem outra saída a não ser criar categorias amplas e suficientemente inclusivas para lidar com a Psicopatologia em seus aspectos multidimensionais. Alguns indivíduos com o transtorno podem ser, a bem da verdade, mais psicopatas do que outros, conforme destaco neste capítulo, mas, para o Direito Penal, basta considerar que essa realidade nosográfica é cognitivamente distinta da psicose. Seria mais difícil, em termos jurídicos, operar com categorias ainda mais específicas. Nesse sentido, seria contraproducente propor categorias como semi-imputabilidade inferior, média ou superior.

Se um indivíduo é cerebralmente condicionado a atribuir menor valor à vida alheia e agir contra essa mesma vida, então, de algum modo, os determinantes do seu comportamento são outros. Postular, a partir disso, uma condição de semi-imputabilidade não é uma incoerência. Se a utilização dessa categoria no âmbito jurídico é socialmente vantajosa, considerando as suas implicações para a penalização do psicopata, essa é uma outra discussão. Não menos importante, mas inegavelmente distinta. Afinal, a mera inserção nessa categoria jurídica não propicia, ao menos em se tratando de Brasil, as melhores alternativas para o tratamento dos psicopatas e, menos ainda, para a contenção dos seus atos. Leia-se tratamento, nesse caso, como qualquer conjunto de intervenções capaz de abrandar a manifestação de alguns dos sintomas antissociais do quadro. Em síntese, o problema não está na incompatibilidade entre pressupostos jurídicos e pressupostos científicos, está naquilo que o legislador prevê, em termos processuais e penais, com base nessa compatibilidade.

Não por acaso, já tomei conhecimento de acirrados debates no campo jurídico sobre a possibilidade de um diagnóstico sobreposto à psicopatia "atrapalhar" as decisões inerentes ao trabalho de determinados operadores do Direito. Em outras palavras, já escutei, por exemplo, que o diagnóstico de Transtorno de Personalidade Antissocial feito por uma equipe interdisciplinar e usado no contexto jurídico deveria ser desconsiderado, do contrário o réu poderia ser beneficiado pela redução da pena.

Se um diagnóstico deve ser, em determinadas instâncias jurídicas, desconsiderado, então por que motivo solicitá-lo nessas mesmas instâncias? Eu costumava dizer para os meus alunos em um curso de especialização, a maioria advogados criminalistas, que está na hora de os pensadores e operadores do Direito decidirem o que, de fato, esperam das ciências 'psi'. Uma provocação como essa, no sentido mais construtivo do termo, remete à própria interdisciplinaridade das ciências criminais e seus avanços.

Se os operadores e pensadores do Direito desejam um diagnóstico preciso, psiquiatras e psicólogos podem fornecer. Se desejam saber sobre um possível nexo causal entre alguns sintomas relacionados a esse diagnóstico e o crime cometido, psiquiatras e psicólogos podem apontar. No entanto, se a Ciência Criminal, em toda a sua interdisciplinaridade, postular que diagnósticos são suficientes para retratar, de um modo inequívoco, comportamentos futuros em laudos quase místicos, existe aí um problema de diálogo entre diferentes disciplinas. Um problema relacionado a esperar das ciências 'psi' mais do que elas têm a oferecer no tocante a subsidiar a decisão de muitos magistrados.

Do mesmo modo, psiquiatras e psicólogos não podem "driblar" as implicações jurídicas de alguns diagnósticos, alterando o modo de conduzir o processo que leva até eles. Há um sério problema sobre o que fazer com criminosos psicopatas quando, no âmbito forense, são diagnosticados como tais em nosso País. Um problema que, certamente, não é apenas dos penalistas, mas de todos nós enquanto integrantes de uma sociedade.

Andrei Chikatilo definiu-se como uma "besta louca". Sem discutir equivalências semânticas para o vocábulo "besta", afirmo apenas, nesse caso, que não poderia ser considerado, no sentido mais coloquial da expressão, um louco. Um psicopata frustrado e incontido em seus atos criminais não é exatamente um louco. Em alguns casos, uma comorbidade entre um transtorno psicótico e um transtorno de personalidade pode ocorrer. Ou seja, dois transtornos diferentes podem acometer um único indivíduo. Chikatilo, no entanto, foi considerado mentalmente são e capaz de responder pelos seus atos conforme seus avaliadores. No Brasil, poderia ser considerado parcialmente capaz, sendo, dessa forma, alguém semi-imputável.

A psicopatia pode também ocorrer, e costuma ocorrer, em comorbidade com a dependência química. O sintoma relacionado à busca de estimulação em psicopatas contribui para um maior envolvimento com sustâncias psicoativas. Nesse caso, condições para a inimputabilidade só fariam sentido em um crime cometido durante a manifestação daquilo que chamamos "psicose tóxica". Um transtorno que pode ser breve, relacionado a uma manifestação de sintomas psicóticos decorrentes de uma intoxicação orgânica. Afinal, nesse caso, o agente teria, no momento da ação, conforme prevê o artigo 26 do CP, incapacidade de compreender o caráter ilícito do fato ou de determinar-se de acordo com esse entendimento. Em circunstâncias normais, a dependência química, por si só, não explica os comportamentos antissociais que caracteriza o quadro, ainda que possa agravá-los.

Logo que terminei a graduação, prestei serviço voluntário como psicólogo em um local de tratamento da dependência química vinculado a uma instituição religiosa. Em um dos meus primeiros atendimentos em grupo, deparei-me com um interno de aproximadamente vinte e cinco anos, loquaz e bastante invasivo na sua forma de comportar-se no grupo. Alguém que me interrompia em alguns momentos, contando vantagens sobre o que fez antes de ingressar no tratamento. Apresentava, nos seus relatos, indícios de ser impulsivo, um pouco descontrolado e até irresponsável. Comportava-se como se estivesse em um programa de auditório, mobilizando a atenção de todos que estavam no grupo.

Apesar dessas características, em algum momento da sua fala cheguei a ficar impressionado com a "convicção" por ele apresentada em levar o tratamento adiante. Não apenas me convenceu quanto a ter objetivos bem estabelecidos, como também me fez pensar que eu estava diante de alguém que poderia ser uma espécie de porto seguro para os demais integrantes do grupo.

Uma semana depois, esse jovem não apenas desistiu do tratamento como conseguiu mobilizar outras três pessoas a acompanhá-lo nessa desistência. Não enxerguei aquilo que era óbvio. Uma coisa é estar motivado para um tratamento, outra, bem diferente, é fingir tal motivação com uma boa dose de dramatização e loquacidade. Ele apenas disse coisas que percebeu que eu queria escutar e, partir disso, conseguiu me convencer sobre a sua motivação. Como psicólogo recém-formado, acabei, recorrendo aqui a uma frase mais corriqueira e direta, "caindo como um patinho" na conversa daquele jovem.

Mas hoje sei de coisas que, há mais de dez anos, não sabia sobre a psicopatia. Uma maior familiaridade com a avaliação do transtorno me diz, na atualidade, que alguns aspectos observáveis e algumas estratégias interpessoais que foram por ele utilizadas eram sugestivas quanto a um possível quadro de psicopatia. Uma hipótese diagnóstica e não mais do que uma hipótese diagnóstica, mas, por certo, uma hipótese que seria bastante plausível. Um olhar atento e mais embasado poderia, naquelas circunstâncias, ter facilitado um melhor manejo daquela situação. Infelizmente, na época, eu não tive um olhar atento para isso e, menos ainda, embasado.

Não aprecio e às vezes até recrimino colegas que fazem diagnóstico a distância e por encomenda. Acabam atendendo, muitas vezes, a uma demanda midiática e afirmando que o criminoso do momento é um psicopata sem nunca tê-lo avaliado. A psicopatia é um transtorno grave de personalidade e, como tal, só pode ser diagnosticada quando investigamos o histórico de vida de alguém com mais de dezoito anos e a forma como alguns sintomas apresentam-se em uma situação de entrevista. Um jornalista pode até ser mais especulativo em suas hipóteses sobre a personalidade de alguém, cujo crime o coloca na condição de assunto do momento. Um profissional da área 'psi', no entanto, deve ser mais cuidadoso quanto às opiniões que pode acabar, de um modo leviano, disseminando por intermédio da mídia. Comprometendo, algumas vezes, o andamento de casos que nem mesmo transitaram em julgado.

Pior do que isso, somente afirmações tais como: "Gengis Khan era um psicopata"; "Nero tinha Transtorno de Personalidade Antissocial"; "Alexandre, o Grande, sofria de Transtorno de Personalidade Narcisista", e a mais difundida delas, "Leonardo da Vinci tinha Transtorno de Déficit de Atenção e Hiperatividade". Assim que inventarem uma máquina do tempo, eu também quero brincar de diagnosticar personagens históricos seguindo critérios atuais. Pode até ser divertido.

É preciso considerar, no que se refere ao modo como as ciências da mente e sua relação com os comportamentos criminais têm sido divulgadas para o público brasileiro, que certas "pérolas" não param por aí. Já vi, em matéria sobre genética comportamental em uma revista de circulação nacional, genes sendo ilustrados como "bolinhas" perfazendo as "pontes de hidrogênio" e ligando fitas da hélice de DNA. Pontes de hidrogênio são forças de atração entre átomos e genes não são bolinhas, devendo ser mais bem retratados como porções de DNA. Ilustrá-los como 'bolinhas' é uma forma redondamente equivocada de retratar essas unidades da hereditariedade.

Também já li, em uma matéria sobre o desenvolvimento moral, publicada em uma revista de divulgação científica de grande vendagem, a descrição de etólogos, não como cientistas que estudam o comportamento de diferentes espécies, mas sim como pensadores da ética. Ou seja, o filósofo Jürgen Habermas é, segundo essa matéria, um etólogo, ainda que não saiba disso.

Para piorar as coisas, em uma edição de um livro de divulgação científica sobre psicopatas, já encontrei a "tranquilizadora" afirmação de que, felizmente, praticamente 96% da população não apresenta Transtorno de Personalidade Antissocial, considerando que as taxas de prevalência são de 3% em homens e 1% em mulheres[53]. Nesse caso, resta dizer que os leitores podem ficar ainda mais tranquilos diante do que irei afirmar agora. Somar a prevalência do transtorno em homens com a prevalência em mulheres não é, tal como pensou quem escreveu o livro, o modo correto de calcular a prevalência na população em geral. A média obtida a partir das taxas de prevalência revela-nos que o percentual na população em geral deve ficar na casa de 2%. Por conseguinte, aproximadamente 98% da população não apresenta o transtorno. Uma constatação que me deixa ainda mais tranquilo do que poderia supor quem escreveu o livro. No entanto, é bem verdade que ainda não consegui ficar tranquilo em relação à forma como a divulgação científica desses temas vem sendo feita no Brasil.

Mas as mais sublimes pérolas sobre o assunto encontrei em uma revista que não está mais sendo editada no Brasil. A revista tentava convencer o leitor de que a restrição de liberdade em presídios é a melhor forma da sociedade lidar com o problema do adolescente infrator. Não há nenhum demérito nessa tentativa. Sou plenamente favorável a uma revista de circulação nacional divulgar ideias contrárias as minhas, considerando que não detenho verdades indiscutíveis nesse debate. Gosto de citar, nesse sentido, uma frase que foi atribuída a um filósofo chamado François Marie Arouet, também conhecido como Voltaire. Alguns dos seus biógrafos já negaram que a frase seja realmente de sua autoria. De qualquer forma, o fato é que *posso não concordar com nenhuma das suas ideias, mas defenderei até a morte o direito de professá-las*.

Porém, qualquer defesa desse ponto de vista ou de posições antagônicas a ele deve ser feita de uma forma bem fundamentada. Parafraseando (ou não) Voltaire, posso então dizer que defenderei até a morte o direito de professar ideias com as quais eu não concordo, desde que isso seja feito de um modo bem embasado. Não foi o que essa revista se encarregou de fazer há alguns anos.

Em um periódico que era dirigido ao público de todo Brasil que gosta de assuntos criminais, os autores da matéria apresentam-nos a versão jovem da escala Hare, chamando-o, mais de uma vez, de PVL:YV. Na condição de um dos pesquisadores envolvidos na validação e adaptação do PCL:YV (Psychopathy Checklist: Youth Version) no Brasil, não sei, exatamente, o que significa PVL:YV e suponho que não seja um erro de digitação, considerando que a sigla é repetida no texto mais de uma vez. A matéria também explica para o grande público que, em uma escala como o PVL:YV, se o preso somar mais de trinta pontos, as chances de ele cometer outro crime são grandes; se fizer menos, pode, futuramente, reintegrar-se à sociedade.

Eu não sei se o PVL:YV funciona dessa forma, pois não conheço esse instrumento e só li a respeito dele nessa revista[54]. O que eu sei é que o PCL:YV é um instrumento para avaliar traços de psicopatia em adolescentes que não usa um ponto de corte para fechar o diagnóstico. Seus autores têm salientado que esse instrumento pode ser útil para avaliar adolescentes e fundamentar tratamentos preventivos, não devendo ser usado para decisões judiciais. Não afirmam, portanto, que quem obtém pontuação igual ou superior a trinta pontos deve ficar trancafiado, uma vez que está, praticamente, "condenado" a reincidir em seus atos infracionais. Nesse sentido, não sei também se entendi a posição dos autores da matéria, mas quer dizer então que quem pontua vinte e nove está liberado e pode ir para casa tomar suco? Não seria mais fácil jogar uma moeda para cima e decidir isso? Afinal, se a propensão para reincidir é, conforme os autores, uma variável dicotômica, aposto mais na minha moeda da sorte. Em um jogo de cara ou coroa ela empata com o PVL:YV quanto ao quesito contemplar apenas duas possibilidades, mas vence no quesito "amuleto da sorte". Prefiro, portanto, a moeda.

Mas nada é tão ruim que não possa piorar. Para convencer-nos dos seus pontos de vista sobre a necessidade de mecanismos punitivos rigorosos para adolescentes em conflito com a lei em nosso País, os autores citam um caso internacional. Relatam então que, na Polônia, uma gangue formada por meninos de quatro a treze anos, usando canivetes e cassetetes, roubava outras tantas crianças. Conforme explica a matéria, a gangue era liderada por um menino de quatro anos. Ora, os autores apresentam um fato tão, mas tão improvável que deveriam, nesse caso, citar a fonte da informação, fosse ela uma fonte primária ou secundária. No entanto, nem uma mísera letra indicando de onde surgiu a história de uma gangue do tipo "arrasa quarteirão", liderada por um menino de apenas quatro anos. Eu gostaria de saber mais sobre esse caso, mas o jornalista não me deu chances. Será que estaríamos falando de um novo Charles Manson, com um canivete em uma das mãos e uma mamadeira na outra? Que tipo de ritual adotava esse pequeno antissocial? Assistir *Teletubbies* e, logo depois, sair para barbarizar nas ruas de uma cidade polonesa?

Precisamos, urgentemente, pensar o tipo de divulgação científica que estamos fazendo em nosso País sobre temas tão importantes. Devemos promover um diálogo sério sobre assuntos dessa natureza, dando voz a diferentes segmentos da sociedade, independentemente de esses segmentos terem posições concordantes ou discordantes das nossas. Mas precisamos fazer isso de uma forma realmente séria e ética, recorrendo aqui ao conceito proposto pelo já citado filósofo Jürgen Habermas, para quem um dos pilares da ética é a ação comunicativa.

Não é contando histórias sobre Ted Bundys do *Playground* que iremos fundamentar uma discussão tão importante como essa. Sinto-me à vontade para discordar de alguns colegas que defendem ideias parecidas com as minhas, mas o fazem a partir de argumentos que considero errados. Psicopatas existem, e adolescentes com traços de psicopatia também existem. Melhorar nossas propostas socioeducativas, sem aproximá-las da tolerância e da impunidade, é ainda o melhor caminho para lidarmos com indivíduos que ainda não são psicopatas, mas estão a caminho de se tornarem. Colocar adolescentes de dezesseis anos em um presídio é simplesmente desejar que eles aprendam com os mais experientes.

Qualquer cidadão tem o legítimo direito de sentir raiva e talvez até ódio, ainda que essas emoções não sejam boas conselheiras, quando é vítima ou vê um familiar sendo vítima de um ato infracional cometido por um adolescente. Mas o papel do Estado não é, nem deve ser, promover a vingança privada. Assim como um diagnóstico também não é uma forma de rotular o objeto da nossa ira. Se afirmo que existem psicopatas e adolescentes com traços de psicopatia é pelo simples fato de que minha trajetória de pesquisador me mostra que isso é um fato.

Conforme salientei, não gosto de ficar em cima do muro em assuntos desse tipo. Afirmei que sou contrário à redução da maioridade penal. Mas me julgo também suficientemente receptivo para ponderar sobre opiniões contrárias. Não se trata, portanto, de fugir de um necessário debate relacionado a questões polêmicas na esfera do Direito. Menos ainda, de propagar a falsa noção de que esta é uma obra neutra. Nenhuma obra sobre temas dessa natureza pode ser neutra.

Sendo assim, não procurei evitar posicionamentos sobre assuntos polêmicos, mas opto por interromper os argumentos que poderiam sustentá-los. Afinal, não há espaço para isso em um livro cujo foco principal é a psicopatia, o bem, o mal e as ciências da mente. Não sou e não pretendo ser neutro, mas tento, nestas páginas, apenas não ser prolixo.

Reservo então, para o próximo capítulo, temas mais ligados à Filosofia e, dessa vez, menos ligados à Ciência. Afirmei, em capítulos anteriores, que o cérebro do psicopata não funciona da forma como deveria funcionar. Afirmei, neste capítulo, que possíveis diferenças quanto à severidade dos sintomas podem ser mais bem analisadas a partir de um outro nível de explicação não redutível à realidade cerebral. De um jeito ou de outro, essa afirmação não dissocia a natureza dos fenômenos mentais da própria natureza dos fenômenos cerebrais. Para discutir se tudo que ocorre na mente de um psicopata é equiparável a tudo que ocorre no cérebro de um psicopata, irei mergulhar em um área mais inconclusiva do conhecimento. Essa área chama-se Filosofia da Mente.

Advirto o leitor que essa é uma área que envolve preceitos e discussões um tanto quanto abstratas. Qualquer dificuldade em explorá-las explica-se, em grande parte, pelo fato de que a Filosofia da Mente contempla questões sobre as quais não estamos habituados a pensar. Assim, o segredo é ir com calma, tolerando as suas aporias ou, dito de outro modo, os seus caminhos, muitas vezes, sem saída. Mas este não é um livro sobre Filosofia da Mente e sim sobre a mente do psicopata. Seria difícil, no entanto, discorrer sobre o tema proposto sem discutir o que, de fato, é a mente e como ela gera comportamentos. Esses e outros assuntos fazem parte dessa fascinante área do conhecimento.

Dessa forma, apresento, no capítulo seguinte, uma breve introdução ao que poderíamos chamar aqui de Filosofia da Mente "quase aplicada". Somente a partir das considerações que serão destacadas nas próximas páginas é que será possível discutir temas ainda mais abstrusos como o Bem e o Mal, assuntos reservados para os capítulos finais do livro.

Capítulo 6

QUEM, DENTRO DO CÉREBRO, DECIDIU MATAR?

Mencionei antes que, no que se refere à Filosofia da Mente, é preciso tolerar aporias ou apenas a falta de conclusões. Gosto de pensar, com base nas ideias do filósofo Paul Churchland, que essa área do conhecimento se ocupa principalmente de um debate científico-filosófico, diante do qual soluções teoricamente satisfatórias ainda não foram alcançadas[55]. Um debate, diga-se de passagem, verdadeiramente abstrato. Para chegar até ele, partirei, no entanto, de alguns casos mais concretos.

Alguns adultos que já avaliei relataram situações relacionadas a homicídios que cometeram. Alguns desses homicidas eram psicopatas e outros não. Muitos podem ter sido os determinantes desses comportamentos, mas, no caso dos psicopatas, já conhecemos alguns deles. Fatores genéticos e ambientais consolidaram cérebros hiporresponsivos às emoções alheias, propensos a atribuir menor valor à vida dos demais e, de um modo algumas vezes impulsivo, outras não, capaz de tirar vidas. Os assassinatos cometidos por Bundy, Chikatilo ou mesmo por um jovem que entrevistei, que relatou ter matado pela primeira vez em um assalto no qual a vítima o desfiou a enfrentá-la sem a arma, tiveram, cada um, seus próprios determinantes. Em todos esses casos tendências ligadas à personalidade que se manifestam no cérebro se conjugaram a diferentes fatores desencadeantes de um ou mais assassinatos que também se manifestam no cérebro. Fatores relacionados à frustração diante de uma rejeição, insucesso em uma tentativa de ingressar em um curso superior ou mesmo a sensação de se sentir desafiado por alguém. Talvez não possamos, de uma forma precisa, identificar se os eventos que faltavam para o início dos assassinatos de Bundy, Chikatilo ou do jovem que entrevistei foram realmente esses. Independentemente disso, nos três casos, não é ilógico afirmar que eventos desse tipo também operam sobre o cérebro fazendo com que, em circunstâncias específicas, os três tenham "decidido" matar pela primeira vez.

Até o momento, o que eu afirmei é que determinantes genéticos e determinantes ambientais ligados à história de cada indivíduo ou a um único momento que precede a ação operam no cérebro. O comportamento é, portanto, neurobiologicamente gerado. Afinal, é no cérebro, e não fora dele, que podemos localizar as suas causas. Afirmar, no entanto, que o comportamento é neurobiologicamente gerado não é o mesmo que afirmar que seja apenas geneticamente determinado ou apenas ambientalmente determinado. Trata-se de asseverar que as propriedades cerebrais são necessárias para o todo e qualquer comportamento.

Dito isso, eu convido o leitor a avançar um pouco mais em algumas abstrações partindo de uma pergunta. Se as propriedades cerebrais são necessárias para todo e qualquer comportamento, isso significa que é no cérebro que podemos gerar decisões sobre comportar-nos ou não de uma determinada forma?

Frustrado e humilhado com um "fora" da namorada, o cérebro de Ted Bundy pode ter "decidido" matar pela primeira vez. Para alguns, ao fazer isso ele exerceu seu livre-arbítrio; fez, portanto, uma escolha. Para outros, "escolhas" nada mais são do que uma ilusão gerada em um cérebro que não está apto a identificar todos os determinantes que operam nesse mesmo substrato. Ou seja, nesse último caso, podemos até acreditar que estamos exercendo o livre-arbítrio, mas estamos apenas protagonizando o resultado de eventos cerebrais que se consolidam a partir de determinantes que não escolhemos. Um tanto quanto vago, mas faz sentido. Afinal, Ted Bundy não escolheu ter nascido com tendências genéticas para a psicopatia, não escolheu que o seu processo de desenvolvimento fosse ao encontro dessas tendências e também não escolheu sentir o desejo de tirar vidas depois de ser dispensado pela namorada. Simplesmente agiu com base nesse conjunto de influências.

Para reforçar essa ideia, alguém poderia perguntar e se existe o livre-arbítrio. Então, onde posso localizá-lo no cérebro? Podemos, nesse caso, estar incorrendo em uma regressão *ad infinitum*. Se dissermos que está em tal parte, alguém perguntará logo depois e qual parte menor, dentro dessa parte destacada, pode ser considerada a "tomadora de decisões". Uma vez apontada, a pergunta pode ser repetida e assim sucessivamente.

A moral da história é, para não cairmos nessa regressão infinita, o cérebro deve ser visto como um sistema formado por sistemas capazes de intercambiar informações com o meio externo. Não há, nele, uma espécie de entidade tomadora de decisões. Não podemos perguntar quem, dentro de um neurônio, decidiu matar, tanto quando não podemos perguntar qual neurônio decidiu matar. Não faz sentido perguntar quem foi o responsável por abrir os canais iônicos e fazer com que um dos neurônios de Chikatilo resolvesse iniciar a matança. Dito de outro modo, cérebros operam a partir das influências que sofrem, sejam elas genéticas ou ambientais. Cérebros não escolhem as influências que sofrem, simplesmente sofrem, reforçando ou alterando suas regularidades constitutivas.

Uma pergunta que pode surgir a partir do que está sendo explicado é: Mas essa não é uma visão muito materialista sobre aquilo que somos? Eu respondo que é uma visão verdadeiramente materialista, mas a palavra materialista não é usada aqui em nenhum sentido pejorativo. Refere-se ao fato de que é uma visão antagônica ao chamado dualismo. Ou seja, afirma que não precisamos aludir a qualquer outra substância ou qualquer outro conjunto distinto de propriedades senão as propriedades materiais constitutivas do cérebro para entender o que está por trás dos comportamentos[56]. Além disso, em termos lógicos e substanciais, não podemos localizar, no próprio cérebro, o livre-arbítrio. Por mais que pensemos ser livres, apenas agimos conforme nossos condicionamentos. Não escolhemos, de acordo com essa perspectiva, a forma como os genes e as contingências ambientais levam-nos, implacavelmente, a ser o que somos e comportar-nos da forma como nos comportamos, simplesmente agimos e reagimos.

Significa então que todo e qualquer estudioso do cérebro é um materialista que nega o livre-arbítrio, reduzindo, em termos causais, comportamentos às propriedades materiais desse órgão? Na verdade, nem todos. Alguns tentam salvar o livre-arbítrio, sem, no entanto, preconizar o seu "locus" cerebral. Afinal, essa seria, conforme já expliquei, uma armadilha lógica.

Neurocientistas e filósofos da mente que tentam salvar a noção de "livre-arbítrio" o fazem, na sua grande maioria, valendo-se do dualismo. Ou seja, para um dualista, a pergunta não seria quem, dentro do cérebro, decidiu matar, mas estaria mais próxima de um questionamento sobre quem, valendo-se do cérebro, decidiu matar? Dualistas desse tipo não estão negando o papel causal do cérebro sobre o comportamento, apenas estão dizendo que uma outra realidade não redutível a ele age por intermédio dele.

Já fiz, em alguns momentos, uma espécie de "pegadinha" com alguns conhecidos que eram defensores do chamado materialismo eliminativista. Uma proposta dentro da Filosofia da Mente, cujo objetivo maior é eliminar qualquer tipo de vocabulário dentro da ciência que não remeta única e exclusivamente aos fenômenos cerebrais. Expus algumas afirmações sobre campos de probabilidade quânticos e mecanismos de seleção de vesículas pré-sinápticas, sugerindo ser a mente uma coisa distinta do cérebro. Uma visão, portanto, dualista sobre o chamado problema mente e corpo. Logo depois perguntei se a pessoa achava que tal concepção se coadunava com uma visão mística sobre o binômio mente e cérebro ou eram argumentos apresentados por um neurocientista. Alguns conhecidos que já responderam a pergunta erraram feio. Disseram que as afirmações deveriam ser provenientes de um místico. Na verdade, esse tipo de dualismo foi proposto por ninguém menos do que um cientista agraciado com o Prêmio Nobel em Fisiologia, o já citado Sir John Eccles. Esse estudioso da evolução cerebral, infelizmente, faleceu em 1997, mas concepções sobre um funcionamento mental não redutível aos algoritmos que o cérebro é capaz de executar continuam sendo defendidas por alguns estudiosos do tema na atualidade. Concepções não exatamente equivalentes às ideias de Eccles, mas igualmente fundamentadas no indeterminismo quântico[57]. Eccles era um cristão convicto e suas hipóteses relacionadas a um dualismo envolvendo mente e cérebro também foram uma tentativa de fazer com que a Neurociência pudesse, um dia, explicar como a alma opera sobre o corpo e como opera no corpo.

Os leitores menos familiarizados com a Filosofia da Mente podem agora estar se perguntando: como ideias tão diferentes coexistem nessa área do conhecimento? Afinal, quem está com a razão?

Pelo simples fato de que o estado atual de conhecimento sobre o assunto não nos permite saber se os distintos tipos de dualismo ou os distintos tipos de materialismo estão com a razão é que concepções tão diferentes coexistem. Em outras palavras, por mais que o conhecimento a respeito do cérebro tenha avançado, o materialismo eliminativo pode ser considerado, por exemplo, uma aposta epistemológica e não exatamente uma verdade ontológica. Continuamos sem saber qual é a verdadeira natureza do consciência ou qual é, em outros termos, a ontologia dos fenômenos mentais. Afinal, conforme já afirmou o cientista cognitivo Howard Garner, continuamos sem saber como as propriedades causais do protoplasma fazem com que os indivíduos pensem[58]. Em certo sentido, é como dizer que o cérebro humano não conseguiu viabilizar explicações definitivas sobre o seu próprio modo de viabilizar a consciência.

Nesta obra, irei valer-me de uma posição mais próxima do materialismo para explicar questões sobre o Bem e o Mal. Justifico esse posicionamento pelo fato de sentir-me mais à vontade com uma concepção materialista, mas não exatamente eliminativista. Prefiro apostar, tal como fazem os materialistas funcionalistas, que a mente é uma espécie de *software* rodando em um *hardware*. Uma realidade que não precisa ser pensada em termos de um dualismo de substâncias, mas que requer seu próprio nível de explicação. Dizer que me sinto mais à vontade com uma concepção materialista nada tem a ver, nesse caso, com afirmar ou negar uma verdade transcendental sobre, por exemplo, o dualismo proposto por Eccles. Não estou cognitivamente capacitado para negar ou afirmar qualquer verdade transcendental desse tipo. Logo, qualquer tema supostamente transcendental contido na parte final deste livro apresenta-se mais como uma metáfora para pensar a possibilidade ou a impossibilidade do psicopata ir além dos seus condicionamentos cerebrais. Nesse sentido, afirmo que me sinto mais à vontade com uma concepção materialista e elucido melhor essa opção no próximo capítulo. Independentemente dessa posição, penso que a Ciência ainda não alcançou (e não estou bem certo se um dia irá alcançar) a verdade por trás dos fatos. Não sabemos, em termos científicos, se os fenômenos mentais estão além da própria matéria, ainda que operem sobre ela ou se, de outro modo, apresentam uma ontologia exclusivamente material. Existe uma verdade por trás dos fatos, mas uma verdade ainda não alcançada pelo conhecimento científico e que, certamente, não depende do quanto estou à vontade com essa ou aquela teoria. O materialismo funcionalista é, nesse sentido, a minha opção epistemológica para falar da mente do psicopata e falar sobre o Nirvana no último capítulo deste livro vem a ser, sobretudo, uma metáfora literária.

Não sabemos como as propriedades causais do protoplasma permitem que alguns indivíduos pensem, mas será que sabemos o que alguns indivíduos pensam antes de matar? A abordagem cognitiva fornece algumas pistas.

No livro *Terapia Cognitiva dos Transtornos da Personalidade*, Aaron Beck, Arthur Freeman e Denise Davis[59] contam-nos a história de um paciente com Transtorno de Personalidade Antissocial que resolveu roubar as revistas do consultório no qual era atendido. Indagado sobre as revistas desaparecidas, o paciente simplesmente negou ter feito qualquer coisa nesse sentido. Depois, passou a dizer que talvez tivesse levado de um modo inadvertido; afinal, as revistas estavam lá para os pacientes. Mostrou, desse modo, o quanto seus comportamentos antissociais eram egossintônicos. Ou seja, fez porque achou que podia fazer e não entendeu o motivo para qualquer recriminação do terapeuta.

Conforme a abordagem cognitiva, crenças que levam o indivíduo a ficar centrado em si mesmo estão por trás de pensamentos automáticos distorcidos. Os pensamentos automáticos, conforme essa abordagem, caracterizam-se por um fluxo espontâneo e breve que acaba por preceder emoções e comportamentos[60]. O paciente que roubou as revistas pode ter, por exemplo, pensado que as revistas estavam ao seu alcance e ninguém estava vendo. Pensamentos desse tipo podem estar ligados a crenças de que ele tem o direito de tirar vantagens das situações, é melhor que os outros e os outros que se danem. Crenças como essas são constitutivas da personalidade de alguém com esse transtorno.

Tal como o ato de pegar uma coleção de revistas em um consultório, alguns indivíduos com psicopatia ou traços de psicopatia que já entrevistei mataram pelo fato de que a morte de outra pessoa era algo que, dadas as circunstâncias, estava ao seu alcance. Era algo que podia ser feito. As informações contextuais processadas no cérebro desses indivíduos e que acabaram por acionar pensamentos automáticos são, muitas vezes, inescrutáveis. Dito de outro modo, em boa parte dos casos, não temos como saber qual foi o botão de disparo ou, se preferirmos, a gota d'água.

Será que o jovem mencionado teria atirado na vítima se essa vítima, ao sair de uma academia, sentindo-se mais valente sob o efeito de algumas catecolaminas, não o tivesse desafiado a largar a arma e enfrentá-lo? Não há como ter certeza disso. Mas esse adolescente apresentava traços de psicopatia e seus pensamentos automáticos depois de escutar a frase, se aproximaram, conforme relatou na entrevista, de uma fluxo do tipo: "agora esse idiota vai morrer". Antes disso, possivelmente, algumas crenças já estavam sendo estruturadas ao longo de seu desenvolvimento de que "todo idiota que atrapalhar o meu caminho deve morrer".

E quanto a Ted Bundy? Um pouco mais difícil saber, considerando a questão temporal e o fato de que não o entrevistei. Mas podemos especular sobre seus pensamentos automáticos.

Ao enxergar mulheres que fisicamente lembravam sua ex-namorada, podem ter sido desencadeados pensamentos automáticos tais como: "mulheres como essas devem morrer", "posso exercer um poder sobre elas e matá-las, assim que conseguir atraí-las para o meu carro". "Fazer isso é algo que está ao meu alcance".

A abordagem cognitiva não parte do pressuposto que podemos adivinhar pensamentos. Considerando, no entanto, que certos transtornos de personalidade envolvem crenças mais específicas, podemos então obter algumas boas hipóteses sobre os pensamentos mais comuns atrelados a essas crenças. O que não podemos, por certo, é afirmar onde tudo começa em termos decisórios no cérebro desses indivíduos. A pergunta "quem" ou "o que", dentro do cérebro, decidiu matar não faz sentido, tanto para materialistas como para dualistas quânticos. Afinal, teríamos de apontar "quem" ou "o que", dentro de um neurônio, "decidiu" disparar e continuar descendo para níveis inferiores.

Nesse percurso epistemológico, desceríamos de algumas regiões específicas do cérebro para as células nervosas dentro dessas mesmas regiões, passaríamos para as membranas diretamente envolvidas nas sinapses, chegando até as partículas que atravessam essas membranas, depois disso, às ligações químicas constituintes dessas partículas e, finalmente, alcançaríamos um campo de probabilidades quânticas[61]. Mas como nenhuma entidade dentro desse sistema pode ser o *locus* das decisões, nesse nível elementar é que dualistas como Eccles apostam que se dá a interface mente e cérebro. Afinal, nesse mesmo nível, não se pode dizer que a ontologia dos fenômenos envolvidos seja exclusivamente material. De qualquer forma, como já expliquei, a melhor pergunta para os dualistas não é "quem" ou "o que", dentro do cérebro, decidiu matar, mas poderá ser mais bem colocada como "quem", por intermédio do cérebro, decidiu matar? Ou seja, os dualistas também não negam que aludir eventos cerebrais se relaciona a um nível de explicação necessário para uma ciência do comportamento. Mas até o momento, a hipótese quântica para os fenômenos mentais não passa de uma hipótese[62].

Outra hipótese não menos interessante e que igualmente remete aos fenômenos cerebrais é enxergar o cérebro como um sistema sem gerenciador central, mas também sem um gerenciador "acoplado", como fazem os dualistas. Dessa forma, o cérebro daquele jovem simplesmente respondeu a estímulos verbais gerados pela frase proferida pelo halterofilista de acordo com condicionamentos preexistentes. O que significa dizer que se a mesma frase fosse dita para alguém com um menor grau de distanciamento afetivo dos outros seres humanos e menos propenso a comportamentos antissociais, o desfecho poderia ter sido outro. Mesmos estímulos, mas comportamentos diferentes. Pode ter sido uma espécie de "azar" o fato de o halterofilista ter dito isso para um adolescente com traços de psicopatia e ter, dessa forma, acionado, nesse mesmo adolescente, um pensamento automático do tipo: "agora esse idiota vai morrer". Um pensamento que, caso tenha de fato ocorrido, apresenta relação causal com comportamento de puxar o gatilho. O processamento das informações geradas por uma frase dita no momento errado para a pessoa errada teria sido o que bastou para alguém com tendências desse tipo fazer o que fez.

Mas e como fica o Direito Penal diante dessas afirmações? Se o cérebro de um indivíduo psicopata estiver simplesmente respondendo a informações contextuais a partir de condicionamentos preexistentes, então como imputar-lhe culpa?

Afirmei, no capítulo passado, que considero a condição de semi-imputabilidade que pode ser atribuída ao psicopata coerente com achados científicos atuais. Não afirmei, porém, que a inserção nessa categoria tem gerado bons resultados práticos para os operadores do Direito. De qualquer forma, também não vejo problema na imputação de culpa, mesmo que parcial, ao psicopata.

Os determinantes do comportamento de alguém com o transtorno seriam, de acordo com essa perspectiva, distintos dos determinantes relacionados ao comportamento de alguém sem o transtorno. Meras e eventuais frases desafiadoras não seriam, para alguém sem o transtorno, condições desencadeantes para o comportamento de puxar o gatilho e tirar a vida de outro indivíduo. Mas um psicopata que porventura fizer isso não o faz a partir de um transtorno capaz de gerar "vozes" em seu próprio cérebro. Os determinantes para o comportamento de um psicótico são, nesses termos, distintos dos determinantes do comportamento de um psicopata. Logo, a inimputabilidade também não seria justificável. Uma frase que um indivíduo "escuta" dentro da própria cabeça pode ter uma relação causal mais forte e direta com o comportamento de matar o outro do que uma frase que um psicopata escuta quando proferida por alguém que está na sua frente.

Diferentes sistemas processam informação no cérebro de organismos mais complexos, mas, no caso do *Homo sapiens*, há um subsistema evolutivamente gerado para ponderar informações processadas. Um subsistema diretamente ligado às funções executivas do cérebro. Essa noção está na base do chamado Determinismo Brando com o qual me identifico.

Se os materialistas estiverem certos ao dizer que o cérebro é apenas um sistema formado por outros sistemas materiais, basta entender que alguns sistemas estão mais bem regulados do que outros para processar e ponderar informações. Não precisamos mais do que isso para justificar a existência do Direito Penal e suas categorias de imputação. Os materialistas eliminativistas não querem eliminar o Direito Penal, ao menos não os defensores dessa abordagem que eu conheço. O que eles querem é eliminar conceitos mentais da linguagem científica e substituí-los por conceitos cerebrais. Somos, de acordo com esse entendimento, o produto dos condicionamentos que operam em um sistema inteligente capaz de autorregular-se a partir das informações que processa. A melhor forma de falar desses condicionamentos é, conforme os materialistas eliminativistas, usando uma linguagem, pode-se dizer, cerebralista. Os dualistas optam, de outro modo, por dizer que o verdadeiro sistema inteligente é aquele que, em um nível quântico, está, na falta de uma expressão melhor, "acoplado" a esse substrato neurobiológico. De um modo geral, ambas correntes rejeitam a noção de um pedaço de cérebro "tomador de decisões" ou um pedaço de neurônio cumprindo a mesma função. Além disso, ambas entendem que explicações cerebralistas para o comportamento são válidas. A diferença é que uma dessas abordagens entende que a descrição de regularidades ou irregularidades cerebrais não é suficiente para explicar tudo o que está por trás das nossas escolhas envolvendo comportarmo-nos ou não de uma determinada forma. Em outras palavras, uma aposta que, no futuro, todos os níveis de explicação poderão ser reduzidos a um único e mesmo nível de explicação. Outra aposta que epistemologicamente isso não é viável, considerando o fato de que ontologicamente mente e cérebro são fenômenos não equiparáveis, ainda que interligados.

Presumo também, embora não tenha feito nenhuma pesquisa de opinião nesse sentido, que a maioria dos representantes dessas duas abordagens concordam que o Direito Penal deve continuar existindo e os psicopatas devem pagar pelos seus crimes. Quem está mais preocupado em eliminar o Direito Penal são, em grande parte, os abolicionistas, mas por outros motivos. A maioria deles, relacionados à própria ineficácia social do Direito Penal. Mas, nesse caso, não estamos falando de Filosofia da Mente e sim de Filosofia do Direito. Um tema cuja amplitude e complexidade não podem ser abordadas em uma obra sobre psicopatia.

As pessoas que se opõe a estudos de neuroimagem relacionada ao comportamento violento costumam não entender o que essas imagens cerebrais estão nos dizendo. Tanto para dualistas, como para materialistas, elas remetem a um nível de explicação válido para entendermos o comportamento. Dizer que esse é um nível de explicação válido não tem nada a ver com afirmar que, nessa realidade, todo e qualquer evento verificado seja um evento geneticamente determinado. Ou seja, algumas pessoas acham que, se afirmarmos que o cérebro de uma pessoa está funcionando dessa ou daquela forma, estamos, necessariamente, dizendo que essa pessoa, ao nascer, apresentava um cérebro condenado a funcionar dessa ou daquela forma. Pesquisas envolvendo o estudo de neuroimagem de indivíduos que cometeram atos de extrema violência devem ser discutidas em função das suas reais implicações éticas. Afinal, a discussão deve centrar-se nos ganhos científicos e sociais provenientes desses estudos e, principalmente, nos prejuízos que podem ser gerados para os seus participantes. No entanto, pesquisas nessa área nunca devem ser barradas diante da falsa ideia de que inevitavelmente refletem uma noção de determinismo genético. O exemplo do livro de Damásio é clássico nesse sentido. Os comportamentos antissociais de Pineas Cage explicam-se por uma alteração estrutural abrupta em seu cérebro. Alterações estruturais e/ou funcionais no cérebro mudam, em muitos casos, nossas tendências comportamentais, ou seja, mudam nossa personalidade. Ratifico, nesse sentido, que estudos de neuroimagem são fotos e não filmes com início, meio e fim. Quem os teme, parece apresentar um quadro que eu chamo aqui, como perdão do neologismo, de neurofotografobia.

 Uma vez escutei, em um programa televisivo, uma colega de profissão afirmar que não encontraremos explicações para o comportamento violento no cérebro de alguém. Essa é uma afirmação, no mínimo, problemática. Afinal, se não encontraremos nenhuma explicação no cérebro, onde as encontraremos? No fundo do Lago Titicaca? Eu presumo que a colega estivesse querendo dizer que a mera descrição dos fenômenos cerebrais não seria suficiente para revelar todas as causas do comportamento violento. Realmente não seria, mas, saliento novamente, que a ciência trabalha com níveis de explicação. Apenas aludir ocorrências cerebrais não evidencia, por certo, que um indivíduo violento pode ser, em muitos casos, apenas o produto de uma sociedade violenta. Mas, enfatizo que, até mesmo com base no mentalismo quântico de pensadores como Eccles, Hameroff, Penrose, concordaríamos que fatos sociais incidem, como não poderia deixar de ser, sobre fatos cerebrais. Nossos comportamentos não são gerados no planeta Netuno. As propriedades cerebrais são necessárias para a ocorrência de eventos comportamentais. Os dualistas/mentalistas quânticos também concordam inteiramente com isso. Níveis de explicações restritos a ocorrências cerebrais podem não ser, em muitos casos, a melhor opção para estudar um fenômeno complexo e multifatorial como a violência. Podem ser uma boa opção em alguns casos, mas não em outros. Um objeto de estudo tão complexo exige um olhar multidisciplinar e não uma postura antidisciplinar direcionada a algumas áreas do conhecimento.

 Gosto de citar o exemplo de um estudo de neuroimagem feito com taxistas ingleses. Os taxistas ingleses podem não ser tão bons como o pássaro Clark em lembrar o local onde armazenam sementes nem tão ruins como eu em lembrar onde largam a chave do carro. São considerados muito bons, de outro modo, em descrever trajetos usados para deslocarem-se de um lado até o outro da cidade de Londres, sem usar mapas. São constantemente testados quanto a essa mesma capacidade. Além disso, eles têm outra coisa em comum com o pássaro Clarck e com outros pássaros armazenadores de semente. Apresentam modificações estruturais na parte posterior do hipocampo, uma das principais áreas responsáveis pela memória no cérebro[63]. Com o treino, esses profissionais conseguiram gerar em si mesmos mudanças cerebrais, aperfeiçoando mecanismos relacionados à memória espacial[64]. O estudo mostrou que alguma coisa no cérebro dos taxistas londrinos estava funcionando ainda melhor do que deveria funcionar. Mas será que devemos presumir que esses sujeitos foram agraciados com "genes taxistas"? Aliás, que tipo de "gene" seria esse? Um único pacote de informações contidas no DNA capaz de tornar alguém mais hábil em conversar e dirigir ao mesmo tempo, além de gerar uma espécie de GPS mental? Por questões óbvias, só podemos presumir que esse estudo de neuroimagem retratou alterações cerebrais desenvolvidas em um grupo de profissionais e não mecanismos herdados de pais e avós taxistas. Será que, nesse caso, podemos também dizer que não encontraremos, no cérebro, explicações para as habilidades espaciais de alguém que se desloca com facilidade em um taxi? Devemos procurá-las então em que outro local? Em um dos parafusos da roda traseira do veículo? É claro que encontraremos explicações no cérebro, ainda que esse não seja o único nível de explicação válido para a compreensão do fenômeno.

Alguns sociólogos têm afirmado que, na atualidade, há uma maior banalização da violência. Concordo com esse ponto de vista. A violência pode banalizar-se mais em algumas épocas do que em outras e a sociedade não está inevitavelmente progredindo. Não descarto a possibilidade de que essa banalização também tenha um papel causal para uma série de comportamentos antissociais, incluindo o comportamento do jovem que avaliei. Um pensamento automático do tipo "agora esse idiota vai morrer" pode ter vindo à tona mais facilmente em uma sociedade na qual pessoas estão matando outras pessoas com mais frequência. Um entendimento biopsicossocial da psicopatia deve, conforme sugere a própria palavra, levar em consideração aspectos sociais que precipitam e agravam determinadas manifestações comportamentais. Aspectos esses que operam, como não poderia deixar de ser, sobre um substrato neurobiológico. Não acredito, no entanto, que um jovem acabe matando outro que o desafia para uma briga sem armas, única e exclusivamente em função de a violência estar banalizada na sociedade em que vivemos. Não acredito nisso pelo fato de que avaliei esse mesmo jovem e sei que os determinantes do seu comportamento não podem ser encontrados exclusivamente na esfera social.

Não podemos esquecer que Ted Bundy culpou a pornografia espraiada no país em que vivia por ter matado trinta e cinco mulheres ou mais. Já escutei jovens com traços de psicopatia culpando apenas as más influências que tiveram. Psicopatas adultos que mataram quatro ou mais indivíduos, alegando que foram levados a fazer isso pelos colegas de gangue. Reforçando ideias desse tipo, alegaram ainda que seriam pessoas completamente diferentes se tivessem evitado influências tão nefastas. O determinismo ambiental é tão problemático quanto o determinismo genético para explicar o comportamento. Afinal, há incompletude dos dois lados.

Conforme destaquei antes, não tenho uma máquina que me permita avançar ou recuar no tempo. Procuro, nesse sentido, não fazer futurologia nem diagnósticos esotéricos quando o assunto é ciência. Mas arrisco-me a aventar que, se conseguíssemos viabilizar uma sociedade verdadeiramente igualitária em termos de oportunidades, a incidência de psicopatia diminuiria, mas não cessaria, e os índices de violência urbana despencariam.

A moral da história, nesse caso, é que eu não preciso, tal como pensam alguns, negar a natureza biopsicossocial de alguns transtornos mentais para lutar por um mundo mais justo. Se eu acredito que violência urbana, que é um fenômeno muito mais amplo do que a prevalência de um transtorno X ou Y, seria significativamente menor em uma sociedade mais igualitária, isso me basta para desejar um mundo menos desigual. Não preciso afirmar que a psicopatia só existe enquanto construção social. Não preciso fazer isso, assim como não preciso apoiar-me na errônea ideia de que a Amazônia é o pulmão do mundo para defender a importância da sua preservação. Argumentos mais dogmáticos não tornam uma causa mais justa. Além disso, enxergar um fenômeno como esse em suas instâncias neurobiológicas, psicológicas e sociais não significa, de nenhum modo, que não se possa fazer nada diante dele.

Não temos modalidades de tratamentos bem-sucedidas para a psicopatia na atualidade, mas será que poderiam existir tratamentos exitosos? A resposta parece depender do real significado da palavra "êxito" ou de vocábulos equivalentes. Por si só, esse termo não expressa um significado absoluto. O que é considerado êxito para uns pode não ser considerado êxito para outros. Um pouco menos relativo seria o uso da palavra cura. Prefiro, em contrapartida, o uso da expressão êxito.

Alguns estudos já indicaram a existência de um pessimismo exagerado nem sempre cientificamente fundamentado no que se refere ao tratamento da psicopatia[65]. Independente disso, sabe-se que alcançar uma melhora significativa com relação aos sintomas da psicopatia costuma ser mais uma pretensão do que um fato para as diferentes abordagens teóricas.

Não sou exatamente um psicólogo clínico, mas sei que uma parte significativa dos psicoterapeutas afirma que o vínculo é uma relação fundamental em uma díade terapêutica capaz de fomentar mudanças no paciente. Sem vínculo, parece que nada funciona. Vínculo, não é, no entanto, sinônimo de o paciente ir para a casa do terapeuta tomar chá e comer bolinhos, enquanto os dois assistem a televisão. A capacidade de estabelecermos vínculo é constitutiva daquilo que somos enquanto indivíduo e enquanto espécie, como bem assinalou o psicanalista John Bowlby em suas pesquisas com primatas não humanos.

A hiporresponsividade do psicopata não contribui para a sua capacidade de vincular-se, inclusive, em um contexto de psicoterapia. Somando-se a isso, ainda temos o seu autocentramento e outros sintomas egossintônicos.

Os psicoterapeutas cognitivos afirmam, apesar disso, que é possível diminuir a força de uma relação causal entre crenças centrais, pensamentos automáticos e comportamentos em psicopatas. Dito de outro modo, se conseguirmos que um indivíduo acredite menos que os outros são otários e que ele tem o direito de tirar vantagens, subjugar e até matar, então estaremos interferindo também em seus comportamentos observáveis. Tal pessoa pode, nesse sentido, ter menos pensamentos recorrentes do tipo: "agora esse idiota vai morrer". Ao acreditar menos nas crenças que estão na base do transtorno, o indivíduo torna-se, pode-se dizer, menos psicopata ou menos propenso à psicopatia. Fazê-lo acreditar menos nisso pode, entretanto, não ser uma tarefa fácil. Os terapeutas cognitivos apostam, para tanto, na metacognição dos pacientes. Ou seja, na capacidade de pensarmos sobre o nosso próprio pensamento. A metacognição é, a grosso modo, esse subsistema capaz de gerar uma espécie de sintonia fina dentro do sistema como um todo que só o *Homo sapiens sapiens* apresenta. O psicopata precisaria, para alcançar uma melhora nesse sentido, primeiro admitir que apresenta pensamentos e crenças disfuncionais, depois aprender a monitorá-los e mudar seu curso. No entanto, em termos de tratamento, é mais fácil fazer isso quando essas crenças ainda não estão totalmente ativas, leia-se na infância e adolescência. Ou, de outro modo, quando elas já foram confrontadas por evidências geradas por uma longa vida de insucessos pessoais e profissionais, leia-se em idade mais avançada. O indivíduo começa a perceber que nem tudo está funcionando bem na sua vida e, para citar novamente a música mencionada em outro capítulo, descobre que ele não é tão legal quanto pensava. Os insucessos do psicopata poderiam, de acordo com essa abordagem, contribuir para um maior sucesso da terapia. Mas conscientizar um narcisista antissocial dos seus próprios fracassos não é uma tarefa fácil. Esses fracassos teriam que ser evidentes.

Por outro lado, o mérito dessa abordagem é apostar na possibilidade de um tratamento sem vinculá-lo a uma noção de cura. Além disso, não apenas estudos envolvendo essa modalidade terapêutica como também relacionado a mudanças na personalidade indicam que intervenções mais precoces são sempre o melhor caminho.

Em algumas das entrevistas que realizei com adolescentes com traços de psicopatia, escutei, não apenas em uma única ocasião, relato de o adolescente ter jogado objetos e até uma cadeira na professora. Certa vez, quando perguntei o porquê de uma atitude como essa, a resposta foi: "aquela velha tava pegando no meu pé".

Ou seja, o adolescente fez o que fez pelo simples fato de que agir dessa forma era algo que, dadas as circunstâncias, simplesmente poderia ser feito. Houve um impulso de agir assim e uma significativa dificuldade de conter esse impulso. Adolescentes, em geral, apresentam dificuldades para conter seus impulsos, e adolescentes com traços de psicopatia apresentam uma dificuldade ainda maior. Indivíduos que fazem isso necessitam de limites da mesma forma de que necessitam de tratamento, sendo que, em muitos casos, a aplicação de uma coisa é imprescindível para a ocorrência de outra.

Eu não afirmei, no capítulo anterior, que sou contra a privação de liberdade de adolescentes que cometem atos infracionais mais graves. Afirmei que presídios são o pior local possível para privá-los de liberdade. Todo e qualquer comportamento antissocial que alguém manifesta deve ter consequências repressivas e, sempre que possível, preventivas para comportamentos futuros. A lógica da impunidade é um caminho tão nefasto quanto a lógica do "punitivismo seletivo". Em função dessa última, alguns psicopatas ricos desviam verbas de remédios e merenda escolar e saem para passear em seus iates e alguns pobres sem o transtorno acabam sendo rotulados como tais em exames criminológicos precários. Não sendo um abolicionista, sou totalmente favorável à penalização de condutas criminosas, saliento apenas que gostaria que essa lógica valesse para todos. Além disso, entendo que no caso dos adolescentes com traços de psicopatia, medidas socioeducativas mais eficientes ou mesmo prolongadas sejam cabíveis, sem que isso signifique inseri-los em presídios ou outros ambientes iatrogênicos.

O que estou afirmando, neste capítulo, é que a privação de liberdade do adolescente que comete atos infracionais graves, por si só, não basta para a sociedade lidar com o problema. Estudos relacionados ao tratamento de adolescentes em conflito com a lei, com ou sem traços de psicopatia, necessitam de incentivo, de apoio e financiamento. Podem ser ainda mais informativos quanto ao êxito dessas intervenções se tivermos instrumentos de avaliação válidos e confiáveis para tanto. Isso ajudaria, conforme os autores do PCL:YV, a entender se um adolescente tem ou não traços de psicopatia e se tratamentos diferenciados podem produzir resultados mais efetivos[66].

Um jovem de quinze anos que quebra o nariz de uma professora ao jogar uma cadeira em seu rosto e, um ano depois, começa a matar pessoas, necessita de uma intervenção distinta daquela que poderia ser direcionada a um rapaz da mesma idade que roubou a bicicleta que não consegui comprar.

Em ambos os casos, entendo que o lugar desses adolescentes não é no presídio. No primeiro caso, considero que tratamento e contenção devem andar juntos em uma instituição socioeducativa; no segundo caso, penso que intervenções realizadas em meio aberto são o melhor caminho.

O foco deste capítulo é, no entanto, a Filosofia da Mente e as suas alternativas teóricas para entendermos quem, dentro do cérebro, decidiu matar. Nessa mesma direção, estaria a pergunta, quem, dentro do cérebro do adolescente de quinze anos, decidiu jogar a cadeira no rosto da professora? Conforme o materialismo, em sua versão eliminativista ou funcionalista e conforme a modalidade de dualismo destacada neste capítulo, há um problema lógico em uma pergunta desse tipo.

Saliento ainda que o materialismo não é sinônimo de fatalismo. Ou seja, se considerarmos que somos um sistema de sistemas abertos e não temos um homúnculo tomador de decisões na cabeça, pode parecer que somos o que somos e nada pode ser feito. Quero explicar que também há um problema lógico em um entendimento desse tipo. Afinal, mudar as contingências sociais é gerar novos tipos de ocorrências cerebrais. Pensar o contrário é negar o papel da educação para a formação de cidadãos melhores. Não é isso que o materialismo faz. Ao contrário, parte do princípio que mudar a sociedade é mudar também aquilo que acontece no cérebro dos entes sociais. O alvo principal do materialismo é a noção de livre-arbítrio como uma entidade encrustada no sistema nervoso central. Se tivéssemos um homúnculo desse tipo, esse homúnculo teria que ter outro homúnculo dentre de si e assim sucessivamente. De outro modo, sendo um neurocientista genial e sem medo de especular, Eccles não caiu nessa aporia. Optou por dizer que a entidade tomadora de decisões não está incrustada no sistema nervoso central. A entidade tomadora de decisões, conforme esse tipo de dualismo, vale-se, em um nível quântico, do cérebro para gerar comportamentos.

Mas se, em um nível quântico, ela se vale do cérebro, então pode-se dizer que ela está no cérebro? Não exatamente. Em um nível quântico, a palavra "está" acabaria ficando um pouco sem sentido, "manifesta-se" pode ser um termo bem mais interessante. Ainda que eu tenha minhas dúvidas quanto ao dualismo de Eccles, tenho por ele um profundo respeito, pois sei que não se trata de uma teoria ingênua. Também não respalda manuais de autoajuda do tipo "cure sua vida usando os poderes da mente quântica". Por uma questão de honestidade intelectual e não de descrédito científico, devemos apenas admitir que ainda não sabemos qual a verdadeira ontologia dos fenômenos mentais e se eles podem ou não ser caracterizados como fenômenos quânticos.

Não estou dizendo que as pessoas não podem ou não devem acreditar no tal poder da mente quântica. As pessoas podem e devem acreditar no que elas bem desejarem, desde que isso não seja socialmente prejudicial para outros indivíduos. Aceitar as diferenças, inclusive, relacionadas ao credo de cada um, é a base para uma sociedade mais justa. De outro modo, o que eu estou afirmando é que a ciência ainda não tem respostas satisfatórias e definitivas sobre uma ontologia quântica relacionada aos fenômenos mentais. Logo, eu não posso, em uma obra de divulgação científica, fazer afirmações, muitas vezes constantes em livros de autoajuda, de que a ciência já descobriu o poder quântico da mente para mudar a vida de cada um. Dizer o que sabemos e o que não sabemos sobre isso é, nesse caso, também uma questão de honestidade literária.

Aproximo-me mais de uma visão materialista, sobretudo, em função de uma afinidade epistemológica. Ou seja, acho mais parcimonioso recorrer a níveis de explicação que não recaiam no indeterminismo ou, mais especificamente, no indeterminismo quântico. Além disso, conforme irei demonstrar no próximo capítulo, o materialismo não está, necessariamente, na contramão de toda e qualquer concepção que vislumbre possibilidades transcendentes relacionadas à existência.

Já descobrimos que a pergunta quem, dentro do cérebro, decidiu matar não faz o menor sentido para as correntes da Filosofia da Mente aqui destacadas. Mas e o que dizer dos mecanismos inconscientes que os psicanalistas destacam, eles também não podem ter um papel causal nisso tudo?

Certamente que podem e merecem ser devidamente investigados. A noção de crenças centrais e intermediárias defendida pelos terapeutas cognitivos remete também a um nível não consciente de processamento de informações, baseando-se em um materialismo funcionalista. Em outras palavras, baseando-se em um tipo de materialismo cuja proposta é nunca eliminar a linguagem dos fenômenos mentais da Ciência, uma vez que os fenômenos mentais requerem o seu próprio nível de explicação. A questão, de outro modo, é discutir a natureza dos fenômenos não conscientes. Dizer que precisamos de uma perspectiva epistemológica distinta para compreendê-los não é o mesmo que dizer que tais fenômenos apresentam uma ontologia distinta. Uma noção um tanto quanto complicada, mas, aos poucos, "digerível".

O que são os mecanismos inconscientes? Um psicanalista poderia responder que são mecanismos que superdeterminam o que acontece na esfera consciente de uma forma que o indivíduo não tenha pleno conhecimento da sua operacionalidade. Essa resposta ainda deixa a pergunta em aberto. A pergunta não era apenas o que fazem os mecanismos inconscientes e sim o que são os mecanismos inconscientes. De fato, a explicação poderia estar correta, mas não tocaria em todo o cerne da questão.

Damásio nos dá algumas pistas sobre onde podemos localizar o inconsciente. Menciona que o inconsciente pode ter seus próprios correlatos neurológicos, a partir de padrões neurais que se tornam imagens mentais, remodelações discretas nas conexões, disposições homeostáticas inatas e outros fenômenos desse tipo[67]. Evidenciar essa realidade cerebral não é, por outro lado, suficiente para explicar o que fazem os mecanismos inconscientes. Essa constatação sugere, conforme estou tentando evidenciar, que sempre precisaremos de níveis de explicações diferenciados.

A partir de todo esse palavreado, procuro então mostrar que o materialismo não eliminativista (com o qual me identifico) aceita tanto explicações cerebralistas como mentalistas para o comportamento. Ambas são válidas. A diferença não é ontológica, é epistemológica. As coisas acontecem no cérebro, resta saber se usar uma linguagem exclusivamente descritiva para os fenômenos cerebrais é sempre suficiente. Entendo que não seja.

Considere alguém andando de carro em uma grande cidade e passando por um *outdoor* com a seguinte frase: "imagine agora a cor laranja". Esse alguém trafega cem metros e enxerga um novo cartaz com a mesma frase. Depois de outros cem metros, um novo cartaz igual aos outros dois e assim sucessivamente nos próximos dez quilômetros. O surgimento de imagens mentais relacionadas à cor laranja nesse indivíduo poderia ser explicado em termos exclusivamente sociais, vinculados ao apelo de uma campanha publicitária? Ou, de outro modo, remete apenas à mente do indivíduo? Ou, quem sabe, exclusivamente ao cérebro do indivíduo?

Quando gero uma imagem mental para a cor laranja, não poderia explicar o fenômeno dizendo que meus neurônios ficaram com uma coloração levemente alaranjada. Gerar uma imagem mental desse tipo pode envolver a ação dos meus neurônios, mas é, por certo, uma ocorrência que comporta níveis distintos, válidos e complementares de explicação. Descrever apenas o que acontece nos meus neurônios pode não ser suficientemente informativo para uma coletividade de organismos falantes da qual eu e você fazemos parte. Pormenorizar os novos arranjos das propriedades físicas do sistema (leia-se sistema cerebral) não basta para que eu e você possamos trocar informações úteis para uma melhor compreensão do evento. Por outro lado, não tente tocar em uma imagem mental e examiná-la no laboratório. Você não irá conseguir. Essa é a principal lição do materialismo funcionalista. Uma lição, por certo, compatível com uma compreensão biopsicossocial para os transtornos mentais. Além disso, uma lição que remete à própria necessidade de uma postura dialógica. Ou seja, se as ciências humanas e certos ramos das ciências da mente fundamentados em uma perspectiva neopositivista não "falam a mesma língua", nada impede que os dois lados não possam promover certos ajustes em seus próprios vocabulários, viabilizando um maior diálogo.

Desse modo, não sou um materialista eliminativista pelo fato de que acredito que a redução epistemológica não é e nunca será possível em se tratando de explicar os fenômenos psicossociais. Esse entendimento, por outro lado, não me leva necessariamente para o dualismo. Prefiro ficar com o materialismo funcionalista, conservando, no entanto, uma posição agnóstica sobre a real possibilidade de obtermos respostas conclusivas sobre o chamado problema mente e corpo que funda a moderna Filosofia da Mente. Isso equivale a dizer: "realmente não sei se um dia o cérebro será, de fato, cognitivamente capaz de explicar certos mistérios da existência". Talvez sim, talvez não, mas dizer "não sei", é, novamente, uma questão de honestidade intelectual. Por enquanto, tenho ficado mais à vontade com o materialismo funcionalista, entendendo que ele também favorece uma visão mais eclética e conciliadora sobre o psiquismo humano.

Certa vez, o já citado John Eccles concedeu uma entrevista telefônica para o renomado jornalista científico John Horgan. Depois de explicar sinteticamente sua teoria sobre a evolução cerebral, envolvendo o dualismo quântico, Eccles complementou: "Ainda não temos como provar nada disso". Logo depois, continuou: "Estamos apenas começando a descobrir o mistério da existência". A partir disso, Horgan perguntou então se Eccles achava que chegaríamos um dia a sondar esse mistério e, com isso, dar um fim a ciência? A resposta de Eccles foi quase taxativa: "Acho que não". Fez uma pausa e logo depois salientou: "Não quero que termine, o importante é continuar"[68].

Cogito ainda que alguém possa ter lido os quatro primeiros capítulos e ter pensado: O autor fica muito centrado nos fenômenos cerebrais, mas e quanto ao que passa na mente do psicopata, seus pensamentos, sua crenças, ou, de acordo com a Psicanálise, seus mecanismos de projeção, identificação, onde fica isso tudo?

A resposta que, neste capítulo, tento dar para a pergunta é: eles ficam, ontologicamente falando, no cérebro, mas, epistemologicamente falando, precisamos ir além dessa redução para entender o que está acontecendo de errado com a mente do psicopata. De forma muito breve, este capítulo procurou mostrar um pouco do que pode, em algumas situações específicas, passar na mente de um psicopata. Buscou seguir a mesma lógica dos capítulos anteriores; afinal, cérebros disfuncionais geram crenças e pensamentos disfuncionais. Uma vez que aspectos psicossociais afetam o funcionamento cerebral, crenças e pensamentos disfuncionais não estão contidos nos genes, assim como a habilidade dos taxistas londrinos também não está. Além disso, não há, de acordo com o materialismo não eliminativista, um antagonismo de diferentes áreas do conhecimento para compreender a violência. Ao contrário disso, aposta-se em um certo grau de complementariedade entre elas. Funções mentais, assim como fatos sociais merecem o seu próprio nível de análise, e esses mesmos níveis nunca irão nem poderão declinar para a descrição de diferentes estados envolvendo as propriedades físicas de um sistema. Sociólogos e neurocientistas, de acordo com essa concepção, não falam, portanto, de perspectivas necessariamente antagônicas ou mutuamente excludentes sobre o problema da violência.

Conforme o exemplo já aludido neste livro, o engarrafamento de trânsito também não poderia ser explicado exclusivamente pela estreiteza das ruas, pelo fluxo de veículos ou pelos problemas na ignição de um único automóvel. Um mecânico, um engenheiro de tráfego e um arquiteto urbanista teriam coisas distintas a dizer sobre o que está acontecendo, todas elas verdadeiras. Em contrapartida, somente um entendimento interdisciplinar baseado na ação comunicativa poderia indicar se, no futuro, a melhor forma de evitar engarrafamentos desse tipo passaria pelo alargamento das vias, pela maior exigência de revisões periódicas nos veículos ou por uma nova regulagem dos semáforos. Mas para descobrir se apenas uma dessas alternativas ou talvez as três, conjuntamente, alcançariam a solução ideal, nada mais necessário e oportuno do que o diálogo.

No capítulo seguinte, tento explicar que, até certo ponto, um diálogo entre a Ciência e outras áreas do conhecimento que se voltam para temas como o Bem e o Mal é possível. Tal possibilidade depende, no entanto, de considerações linguísticas, mas isso não significa que distintas áreas do conhecimento devam adotar uma única e mesma terminologia.

A motivação para escrever o próximo capítulo surgiu de uma pergunta com a qual me deparei em uma palestra que fiz discutindo o cérebro e a mente do psicopata. Logo depois da apresentação de alguns dados científicos sobre o assunto, escutei alguém perguntar: E quanto à maldade do psicopata? O que a Ciência tem a dizer sobre isso?

Por mais que eu costumasse ficar embaraçado em função de perguntas para as quais não tinha a resposta, acabava sempre gostando dessas perguntas um tempo depois. Não foi diferente com essa mesma pergunta. Eu realmente não tinha a resposta. Fiquei olhando para a congressista com a chamada cara de "paisagem" e pensando no que eu poderia dizer.

Em certas ocasiões, procuro revisar alguns tópicos antes de fazer apresentações em congressos ou mesmo em eventos não científicos. É uma forma de sentir-me mais preparado para falar. Dessa vez, no entanto, fui, como dizem alguns, "pego no contrapé". Não esperava uma pergunta tão clara e direta sobre uma questão tão recorrente. Afinal, as pessoas constantemente falam sobre a maldade do psicopata. A própria escala usada por Michael Stone vale-se desse entendimento. Pensei em tudo isso, mas, por alguns instantes, continuei ali parado, com o microfone na mão e a expressividade facial de um eucalipto.

Logo depois, ganhei tempo, usei a velha estratégia de dizer: "essa é uma boa pergunta". Não que aquela não fosse uma boa pergunta, realmente era uma boa pergunta. Mas era uma boa pergunta diante da qual eu não tinha a resposta. Sendo assim, falei o que falei mais para ganhar tempo do que para valorizar a pergunta como ela merecia ser valorizada.

Usando então apenas os músculos inferiores da face, que podem ser controlados de uma forma voluntária, expressei um sorriso forçosamente largo e inevitavelmente amarelo, que, assim como todo sorriso não genuíno não consegue recrutar os músculos que circundam nossos olhos. Não forma, portanto, aquelas pequenas "ruguinhas" do lado do olho que alguém apresenta quando está dando um sorriso sincero. Então continuei:

— Não sei se esse é um tema que possa ser abordado de um modo científico. Acho que não pode. Eu diria apenas que psicopatas não são maus por natureza, são pessoas com problemas.

Logo depois, pensei: "Que porcaria de resposta foi essa? De onde eu tirei isso? O que significa dizer que alguém não é mau por natureza e o que, cargas d'água, quer dizer pessoas com problemas?". Consegui, com aquela frase, a façanha de falar pouco e não dizer nada. Para a minha sorte, e principalmente para a sorte dos ouvintes que tiveram que escutar uma resposta daquelas, o evento terminou logo depois.

Anos depois, tento então responder a pergunta. Dessa vez, irei valorizá-la do modo que ela merecia ser valorizada na ocasião em que foi feita. No capítulo seguinte, tento, dessa forma, considerar o que a ciência pode dizer sobre a maldade do psicopata. Nessa tentativa, irei separar três entendimentos distintos sobre o Bem e o Mal. Acredito que a Ciência tem algumas coisas a dizer sobre um deles, não tendo, porém, nada a dizer sobre os outros dois. Nas páginas que seguem, explico melhor o porquê dessas restrições.

Capítulo 7

A MALDADE DO PSICOPATA E A PALAVRA DO PROMOTOR

Durante o período em que estava finalizando o capítulo anterior, um fato inusitado aconteceu no apartamento onde moro. Um pássaro "pré-adolescente" que estava aprendendo a voar entrou pela janela da peça onde escrevo. Machucou-se um pouco e não conseguiu voltar. Eu e minha mulher colocamos o animal na sacada do apartamento, em uma caixa com água e comida, para esperar a sua recuperação. Descobrimos então que esse pequeno pássaro estava sendo, diariamente, alimentado pela mamãe pássaro que, constantemente, visitava a sacada do nosso apartamento.

Por outro lado, tivemos que manter fechadas algumas janelas e portas do apartamento para que o nosso animal de estimação, uma gata, não optasse por jantar fora, ou, mais precisamente, na sacada do apartamento. Apesar disso, não passei a enxergar mamãe pássaro como um animal do bem e a nossa gata, como um animal do mal. Apenas constatei, nesses dois casos, que o cérebro desses animais estava funcionando da forma como deveria funcionar.

Uma parte considerável dos pássaros evoluiu em cenários nos quais um cuidado mais prolongado com a prole mostrou-se bastante vantajoso, considerando principalmente a ação dos predadores. Felinos, de outro modo, evoluíram em cenários diante dos quais a caça, independentemente das condições momentâneas do organismo, era prazerosa. Seguiram uma lógica do tipo "cace hoje, mesmo que seja para comer amanhã".

Sendo assim, quem diz como o cérebro de pássaros, felinos e de outros organismos deve funcionar?

A evolução. É ela quem "diz" isso. Lembremos da enfática frase do cientista cristão Theodosius Dobzhansky, "Nada na Biologia faz sentido, se não for à luz da evolução". Essa afirmação, por certo, também não confrontou o pensamento de outros cientistas cristãos como John Eccles, Francis Collins ou do anglicano Ronald Fisher, que se valeram significativamente do Darwinismo em seus trabalhos. Pode tê-los afastado do criacionismo, mas não do cristianismo. A teoria evolucionista parece ser assustadora para quem não a conhece direito, mas costuma ser amiga de todos, menos, é claro, dos criacionistas. Para eles, talvez ela seja realmente um ácido corrosivo, conforme destaca o filósofo Daniel Dennett[69].

Como eu não sou um criacionista e sim um profundo adepto do darwinismo, é nele que eu me apoio. Uma vez uma aluna perguntou-me em aula se eu era darwinista. Respondi que era darwinista até a raíz do cabelo. Minha resposta foi um tanto quanto imprecisa. Acho que meu cabelo também é darwinista. Afinal, eu sou meu cabelo e tudo que está abaixo dele. Assim como sou meu cérebro e tudo que nele é engendrado.

Nossa gata não é, com o perdão da incongruência semântica, "má pessoa". Ela é o produto de milhares e milhares de anos de evolução capazes de gerar condicionamentos cerebrais adaptativos para a família e para a espécie a qual ela pertence. Isso não significa dizer que ela, enquanto organismo, esteja condenada a caçar pássaros. Não propiciei a ela intervenções que pudessem contrariar suas tendências genéticas. Portanto, nesse caso, faço um *mea culpa*.

Quando eu era criança, tinha uma caturrita que convivia pacificamente com um gato branco que pertencia a minha irmã. Meu irmão havia condicionado o gato a não fazer mal para a caturrita, ao mesmo tempo que havia condicionado a caturrita a não ter medo do gato. Ela costumava abrir a porta da gaiola, passear no pátio e, às vezes, até ficar do lado desse predador inoperante. Mas essa não é e nem poderia ser a história de um amor platônico entre um gato e uma caturrita. A grande lição que estou tentando passar é que condicionamentos ontogenéticos podem sobrepor-se a condicionamentos filogenéticos.

Afirmei, em um dos capítulos, que o altruísmo recíproco pode ser considerado um tipo de condicionamento favorecido ao longo de nossa filogênese. Mas, se os condicionamentos ontogenéticos gerados pela educação não forem ao encontro dessas tendências, certamente estaremos em maus lençóis. Pessoas matarão outras pessoas com a mesma frequência que comem uma bisteca, para usar aqui a expressão destacada por Charles Manson na entrevista já analisada. Ter-se-á, nesse caso, uma dimensão social para o problema da violência, diante do qual a análise do cérebro de alguém será muito pouco informativa.

Mas a violência é um fenômeno muito mais amplo do que a manifestação da psicopatia. Psicopatas são indivíduos que, inicialmente, já não apresentariam um substrato neurobiológico propenso à manifestação de tendências altruístas filogeneticamente favorecidas. Quando outras tantas contingências ontogenéticas também desfavoráveis "recaem" sobre um cérebro assim, o resultado é a manifestação do transtorno na idade adulta. Mas será que podemos dizer que psicopatas são maus por natureza? Para responder a essa pergunta, precisamos, primeiramente, separar entendimentos distintos sobre o Bem e o Mal e descobrir quais desses entendimentos são passíveis de serem considerados em termos científicos.

Na mitologia indígena, observa-se que forças maléficas ou benéficas podem ser ora a personificação de fenômenos da natureza, ora a manifestação de entidades antagônicas. Para os iroqueses, habitantes da região dos grandes lagos, região hoje pertencente ao Canadá, o deus da vida e o deus do gelo protagonizavam um embate que se dava pelos fenômenos da natureza. O Deus do gelo, Manto de Pedra, não empreendia, no entanto, um esforço para desvirtuar o homem de seu caminho moral. Pode-se dizer, nesse sentido, que os iroqueses apostavam que fazer o bem ou fazer o mal eram escolhas totalmente pessoais. Para uma boa parte das tribos que habitavam o continente que hoje é chamado América do Norte, as explicações para as atitudes maléficas e benéficas estavam na própria dualidade que habitava o homem[70]. Sendo assim, em suas cerimônias religiosas, era comum pintarem parte do rosto de branco e parte do rosto de preto para representar essa mesma dualidade. Um pouco diferente é o mito persa envolvendo a disputa de Aura-Mazda e Arimã, sendo o primeiro aquele que derrama a vida, a luz, verdades e bênçãos sobre os homens e o segundo capaz de gerar mortes, trevas e doenças. Esses seres estavam, continuamente, disputando as almas humanas, tentando interferir em seus caminhos e conduzi-las para a luz ou para as trevas.

Considerar essas duas vertentes mitológicas distintas permite-nos estabelecer alguns parâmetros para discutir até onde o Bem e o Mal podem ser tratados como assuntos científicos. Por razões evidentes, uma concepção mais próxima do mito persa não pode ser investigada e, portanto, discutida em termos científicos.

O motivo é tão singelo quanto óbvio. Aura-Mazda e Arimã são entidades, que conforme o mito, operam em um plano metafísico. Leia-se metafísico como algo que está além da realidade física. Um plano que não pode, portanto, ser compreendido a partir de suas dimensões espaciais e temporais. Sendo assim, não se constituem como objetos da investigação científica.

Um pouco menos distante da ciência está a alusão sobre a dualidade que habita o homem descrita nos mitos indígenas e que o faz protagonizar situações de escolha, envolvendo fazer o bem ou fazer o mal. No entanto, o problema das "escolhas" ainda não foi completamente decifrado pela ciência. Alguns filósofos e cientistas apostam mais na "escolha", como sendo apenas o produto final da ação dos diferentes tipos de condicionamentos que nos habitam. Outros, procuram demonstrar que o livre-arbítrio existe não como entidade material passível de ser localizada no sistema nervoso central, mas como uma realidade que sobre ele opera. Não temos, conforme já salientei, respostas definitivas e satisfatórias para o problema do livre-arbítrio. Dessa forma, resta-nos pensar questões sobre a maldade do psicopata a partir de uma terceira perspectiva, essa sim passível de ser investigada de um modo mais próximo da Ciência. Para chegar nessa terceira perspectiva, vou contar uma história hipotética que me permitirá ser mais claro quanto ao tema.

Imagine uma situação na qual um anatomista, avesso a qualquer utilização de conceitos alheios à sua disciplina, receba a seguinte pergunta constante em um e-mail enviado por um técnico de ginástica olímpica:

— Qual parte do organismo cumpre a função de ser o ponto de equilíbrio no corpo humano?

O anatomista então responde:

— Não há nada no corpo humano cumprindo essa função.

Um pouco irritado, o instrutor de ginástica olímpica responde o e-mail afirmando:

— É claro que há, você é que não está sabendo localizá-la. O centro de gravidade, em nossos corpos, existe.

O diálogo encerra-se sem que nenhum tenha sido capaz de entender o que o outro estava dizendo. Entretanto, quando relativizamos a linguagem que cada um usou, percebe-se que ambos estavam certos. Tentarei explicar que o mesmo pode acontecer quando usamos conceitos como maldade e bondade. Ou seja, se não "apararmos as arestas", o diálogo entre diferentes disciplinas torna-se inviável.

No exemplo utilizado, a questão central é que o ponto de equilíbrio é para o instrutor de ginástica uma noção instrumental, portanto útil, que parte de um entendimento vetorial[71]. Sendo assim, para o instrutor, é indiscutível que existe um centro de gravidade no corpo, ajudando-o a pensar como instruir seus alunos a melhorar seus movimentos. De outro modo, o anatomista também tem razão ao dizer que nenhuma parte do organismo está ali para cumprir essa função. De fato, não está. Não tente procurar com uma lupa o ponto de equilíbrio no ventre de alguém que você não irá encontrar.

Quando um promotor de justiça fala, perante uma ampla plateia, sobre a maldade do réu, ele está usando um conceito instrumental útil para o seu campo de trabalho. Afinal, em última instância, ele está dizendo que o réu possui tendências comportamentais que são socialmente reprováveis. São socialmente reprováveis pelo fato de que estamos filogeneticamente mais propensos a valorizar a bondade do que a maldade. Sendo que, até o momento, felizmente, não houve uma inversão completa de valores. Algo que poderia ocorrer em termos sociais e que, certamente, seria desastroso.

Se a pergunta da congressista tivesse sido "onde está a maldade do psicopata?", eu não teria tido dificuldade para responder. Agiria como o anatomista, afirmando apenas: "não está em lugar nenhum". Um promotor que escutasse a minha resposta poderia então dizer logo depois: "Como assim, não está em nenhum lugar? É claro que está, ela existe".

Primeiro, devemos, nesse caso, considerar uma não equivalência entre as palavras "estar" e "existir". O ponto de equilíbrio do corpo, como realidade material circunscrita para cumprir uma função tão específica, não está em lugar nenhum. No entanto, a partir de uma noção vetorial com elevado valor instrumental para o instrutor de ginástica, certamente, podemos dizer que ele existe.

A maldade como propriedade constitutiva do agente e como uma realidade que independe do observador não está em lugar nenhum. Isso não significa dizer que tal expressão não tenha um valor instrumental para, por exemplo, os operadores do Direito. Tem valor instrumental, mas não podemos esquecer que se trata de um valor atribuído diante de tendências comportamentais socialmente reprováveis. Temos que romper com a lógica de que substantivos, necessariamente, designam "coisas" no mundo, incondicionalmente independentes do uso que os falantes fazem da linguagem. Muitas vezes, não designam.

De outro modo, os chamados construtivistas radicais, no meu entendimento, "exageram na dose" quanto à premissa de que a linguagem cria e recria a realidade que nos cerca. Não vou tão longe. Uma realidade alheia ao observador existe e passa bem. Estou apenas sendo um construtivista crítico, ao dizer que, em uma perspectiva abstrata, palavras nos ajudam a pensar a realidade, embora, muitas vezes, possam também atrapalhar nossa compreensão sobre ela. Sendo assim, devemos discutir qual é o real valor instrumental de chamar alguém de bom ou mau.

Para compreendê-lo como alguém que é evolucionista para além da raiz do cabelo, volto para o período Pleistoceno para considerar a origem da linguagem. A linguagem, na nossa espécie, pode ter começado um pouco antes ou um pouco depois de alcançarmos a condição de *Homo sapiens*. Não há consensos quanto à verdadeira "data" da sua origem[72]. Uma maior concordância existe quanto à função social da linguagem. A vida em sociedade foi uma condição fundamental para o completo aparecimento de uma ampla recursividade sintática.

É possível, no entanto, que antes de alcançarmos frases, desenvolvendo plenamente um dispositivo capaz de colocar cada palavra no seu devido lugar, conforme a perspectiva de Noam Chomsky, tenhamos sido bons em gerar palavras. A capacidade semântica pode ter preparado o terreno para uma maior recursividade sintática, conforme demonstrou o linguista, também evolucionista, Steven Pinker[73]. Dentre essas palavras, tem-se uma série de adjetivos que descrevem tendências comportamentais alheias. Afinal, de um jeito ou de outro, usamos palavras desse tipo até hoje. Dizemos coisas como fulano é um idiota, beltrano é um sujeito agradável e ciclano é um tremendo cafajeste. Estamos falando, portanto, de tendências comportamentais nos três casos. Conforme lembra-nos a mãe de Forest Gump ao tranquilizar o filho no filme que também leva esse nome, "idiota é quem faz idiotices". Um tanto quanto tautológico, mas, mesmo assim, uma conceituação útil. Seguindo nessa mesma direção, cafajestes são indivíduos que fazem cafajestagens e pessoas agradáveis tendem a agradar quem está à sua volta.

A grande lição é que palavras nem sempre remetem a coisas que ocupam lugar no espaço, mas podem ser bastante úteis para falarmos das tendências comportamentais de alguém ou, se preferimos, da personalidade de alguém. Afinal, essa é uma definição singela, mas esclarecedora sobre a personalidade.

Como um estudioso do assunto, confesso que, às vezes, até sinto um certo mal-estar quando escuto, por exemplo, enólogos levantarem uma garrafa de vinho, olharem para ela e explicarem para pessoas leigas como eu: "Esse é um vinho de personalidade marcante". O que, cargas d'água, quer dizer um vinho de personalidade marcante? Definitivamente, acho que essa não é uma boa metáfora para caracterizar um líquido dentro de uma garrafa, por mais que, depois de sorvê-lo, eu acabe concordando com o enólogo sobre o quão palatável ele é.

De qualquer forma, voltando ao Pleistoceno, vamos imaginar o uso de palavras que foram surgindo para aludir tendências alheias. Certamente, tais palavras foram surgindo. Afinal, estão em diferentes línguas e diferentes culturas até hoje. Estudos nesse campo indicam, por intermédio de análise fatorial, que as palavras que usamos para falar da personalidade de alguém podem ser agrupadas em cinco dimensões básicas[74]. A explicação para essa convergência pode, inclusive, estar nos primórdios do surgimento da linguagem na espécie. Afinal, as pessoas, até hoje, costumam fazer cinco perguntas básicas e universais quando interagem umas com as outras. A saber: X é ativo e dominador ou passivo e submisso (Posso mandar em X ou X tentará mandar em mim)? X é agradável (afetuoso e amável) ou desagradável (frio e distante)? Posso contar com X (X é responsável e consciente ou é omisso e negligente)? X é louco (imprevisível) ou é (estável)? X é esperto ou estúpido (será fácil para mim ensinar algo a X)?[75]

Seguindo essa mesma lógica, uma pessoa má é uma pessoa que faz maldades. No entanto, o dicionário parece não ajudar muito nesse sentido. Para o bom e velho *Aurélio*, leia-se *Novo Aurélio* nesse caso, maldade é definida como crueldade, malvadez, iniquidade, perversidade e outros termos. O dicionário não adverte, mas esse também não é o seu papel, que tais palavras remetem a valores atribuídos a entes que se comportam no mundo.

Se usar palavras como bom ou mau ajuda um operador do Direito a aludir, diante dos seus ouvintes, as tendências comportamentais de alguém, entendo que é justificável que ele continue usando. Se não usar palavras desse tipo não causa nenhum prejuízo para o trabalho de um estudioso da personalidade, entendo que ele deve continuar não usando. Se, de outro modo, um estudioso da personalidade usar tais palavras para intitular um livro, facilitando, com isso, a explicação de questões dimensionais relacionadas a alguns transtornos mentais, também não vejo problemas em fazê-lo. Para ser mais específico, nesse caso, refiro-me ao livro: "Homens maus fazem o que homens bons sonham" de autoria de Robert Simon.

Por outro lado, se um operador do Direito perguntar "onde" está a maldade do psicopata, há o risco de que um estudioso da personalidade acabe respondendo que ela não "existe". Nesse caso, teremos situação semelhante ao infrutífero diálogo entre o instrutor de ginástica e o anatomista. Ambos precisarão promover uma maior proximidade linguística em relação às palavras que usam para que um entendimento seja possível.

Não vejo sentido, de outro modo, em uma resposta do tipo "a maldade está dentro dos seus cérebros". Tendo em vista que novamente cairíamos em uma regressão *ad infinitum*. Se pensarmos que é agenciada em uma parte específica do cérebro, então, dentro dela, terá que existir outra entidade agenciadora, e, novamente, mais outra e mais outra, em uma regressão que, em termos lógicos, não poderia cessar. Nada no cérebro do psicopata é constitutivamente mau por natureza, considerando que a maldade é um valor atribuído. Da mesma forma que nenhum órgão é constituído para ser o centro de gravidade do corpo, considerando que, nesse caso, esse ponto só existe a partir de um entendimento vetorial.

Dessa forma, eu procurei mostrar, neste livro, que a realidade cerebral do psicopata se apresenta como um nível de explicação promissor para a compreensão da quadro. Esse mesmo nível de explicação não é, conforme salientei, igualmente adequado para compreendermos a violência em seus amplos aspectos. Para além disso, afirmei também que os fenômenos cerebrais não são nem podem ser um nível de explicação para a "maldade do psicopata". Do mesmo modo, a análise das funções de um órgão específico dentro do corpo não pode viabilizar a compreensão do ponto de equilíbrio no nosso organismo. A condição de não substancialidade daquilo que podemos chamar de maldade, só mostra, nesse caso, que ela requer um outro nível de explicação. Um nível diante do qual a Ciência tem pouco ou quase nada a dizer. Entretanto, este não é um livro que procura banir de outras áreas conhecimento qualquer recursividade linguística pouco compatível com os preceitos das ciências da mente. Apenas menciono diferenças que devem ser consideradas quando a Ciência dialoga com outras áreas.

Há alguns anos, uma música bastante chata e repetitiva tinha um refrão que virou moda entre os jovens. Esse refrão dizia algo que serve para ilustrar, de um modo mais simples, o que estou querendo dizer sobre a terminologia de cada área. A música falava o nome de uma série de pessoas celebradas pela mídia, destacando que cada uma deveria estar "no seu quadrado". Nunca entendi plenamente o que aquela letra tão pouco elaborada pretendia expressar. Seja como for, a analogia é válida para esses fins e a Neurociência e as ciências cognitivas devem, nesse sentido, permanecer "no seu quadrado". Porém, podem e devem promover, sempre que possível, um diálogo com outras áreas do conhecimento. Um diálogo que só poderá ser promissor caso as especificidades linguísticas de cada área também sejam consideradas.

Dito isso, cabe agora relembrar a pergunta feita pela congressista. O questionamento era: "E quanto à maldade do psicopata? O que a Ciência tem a dizer sobre isso?"

A Ciência está dizendo que chamar alguém de bom ou alguém de mau é um recurso linguístico que, ao que tudo indica, usamos muito antes de a civilização existir. Fazemos isso pelo fato de que, dessa forma, é mais fácil presumir comportamentos futuros em alguém. Pode ter sido bastante adaptativo conhecer e descrever as tendências alheias dentro dos grupos sociais que viabilizaram a evolução da nossa espécie. Afinal, as palavras estão na base do pensamento em todas as suas propriedades sintáticas e composicionais como bem nos mostra o psicólogo e linguista Steven Pinker. A Ciência também está dizendo que existem alguns riscos nessa previsão. Idiotas não fazem idiotices o tempo todo e pessoas boas podem ter também momentos de malvadeza. Dessa forma, considerando um valor preditivo bastante relativo dessa expressão e a não substancialidade daquilo que ela descreve, a Ciência sugere que essa palavra continue sendo usada em áreas nas quais é útil e abandonada em áreas nas quais não é. Operadores do Direito não estariam, nesses termos, cometendo equívocos ao aludirem a maldade do psicopata, mas cientistas da mente, exceto quando voltados para um trabalho de divulgação científica, estariam.

É claro que essas não foram palavras da Ciência. Sendo Ciência um conceito abrangente e abstrato, ela não entrou pela porta da sala na qual escrevo e disse tais coisas. Essas foram palavras minhas. Mas, constituem-se, acima de tudo, como a resposta que fiquei devendo para alguém que me fez uma pertinente pergunta há alguns anos.

Em uma antológica cena de um filme de Paul Auster, chamado *O Mistério de Lulu*, um dos personagens do filme procura o tempo todo, em um inquietante diálogo, saber se é uma pessoa boa ou má. Após repetir a pergunta algumas vezes, enquanto conversa com os amigos em uma mesa de bar, um deles responde: "Você é como todo mundo, bom com um pouco de ruindade".

Uma vez comentei sobre essa cena com um colega de pesquisa e ele devolveu o comentário. Afirmou: "Sim, mas não podemos esquecer que alguns são ruins, com bem pouquinho de bondade". O comentário foi inteligente e sugestivo. Considerando que estávamos envolvidos em um diálogo informal, via e-mail, e não na revisão de um trabalho científico, citá-lo demonstra que não estou defendendo a ideia de que pesquisadores estejam proibidos de usar palavras desse tipo. É claro que podem usar. O que estou afirmando é que, em se tratando de uma linguagem científica, é preciso ter mais cuidado para não transformar um juízo de valor em uma categoria diagnóstica. Ou mesmo, em um critério para se chegar até ela.

Afirmei também que a mera atribuição de valor envolve significativas incompletudes. Cafajestes não fazem apenas cafajestagens e pessoas agradáveis conseguem, em alguns momentos, mostrar-se desagradáveis. Com base em alguns estudos longitudinais sobre o assunto, entendo também que nossa personalidade é consideravelmente estável ao longo da nossa vida. Por consideravelmente estável entendo que ela não se caracteriza por um incessante e veloz processo de mudança, embora mudanças também possam ocorrer. Não nego completamente, nesse sentido, que a condição humana possa ser compreendida a partir de um conceito de devir, como afirmam alguns filósofos. Nego que uma aceleração meramente presumida quanto a esse devir e, muitas vezes, sustentada por sofismas de implicação, seja suficiente para refutar a validade dos testes voltados para a personalidade.

Um sofisma de implicação significa apenas apostar na autoridade da fonte para inferir uma conclusão a partir de duas premissas. Joãozinho disse que o homem é um constante devir. Não podemos estabilizar o devir, assim como não podemos, em um teste, retratar algo que não cessa de transformar-se. Logo, um teste psicológico que avalia uma personalidade supostamente estável não serve para nada.

Muito eloquente um silogismo como esse, mas inválido. Citar o que Joãozinho disse não é suficiente para sustentar a ideia de que o homem é um constante devir. É melhor confiar em um estudo longitudinal bem delineado sobre a personalidade humana ou nas palavras de Joãozinho? Existem menores chances de erro quando opto por testar minhas hipóteses falseáveis sobre a personalidade ou quando crio uma eloquente teoria capaz de ir ao encontro de expectativas pessoais? A Ciência não é sinônimo de verdades indiscutíveis, mas é, considerando a particularidade de alguns objetos de estudo, um somatório de conhecimentos gerados por métodos mais confiáveis. Mas para problematizar a validade de alguns métodos, eu preciso conhecer esses métodos, não basta apenas citar o que Joãozinho disse.

Estudos longitudinais sugerem que mesmo a condição humana possa ser melhor entendida a partir de uma ideia de devir, a sua velocidade não me permite negar a validade dos testes voltados para a personalidade[76]. Afinal, objetos em movimento também podem ser fotografados. Uma boa foto pode, até mesmo, indicar a direção desse movimento.

Psicopatas podem mudar? Já afirmei que um abrandamento de sintomas é significativamente considerado por alguns pesquisadores da área. Afirmei também que prevenir parece ser o melhor caminho. Mas se sou suficientemente enfático para sustentar que sofismas de implicação não valem nessa discussão, acho que sofismas formais também não valem. Explico melhor.

Diferente de um sofisma de implicação, um sofisma formal envolve um raciocínio silogístico com problemas decorrentes de um mau uso das regras lógicas e não por qualquer outro motivo. As premissas podem ser verdadeiras, mas se fizermos um mau uso da lógica tudo vai por água abaixo. Para ser mais didático, recorro novamente a um exemplo.

Diferentes modalidades de tratamento já foram usadas na tentativa de produzir transformações no psicopata. Estudos sobre eficácia terapêutica indicam que as modalidades de tratamento usadas até hoje não produziram grandes transformações quanto à personalidade do psicopata. Logo, o psicopata continuará sendo intratável.

As duas premissas são verdadeiras. No entanto, não se pode dizer, com isso, que a conclusão se apresente como uma certeza derivada da veracidade dessas premissas. Ainda não foram descartadas todas e quaisquer possibilidades de novas e melhores propostas de tratamento para o psicopata adulto. O próprio aprimoramento dessas propostas envolve considerar erros do passado.

Tratamento não deve ser sinônimo de segregação. Qualquer coisa capaz de infringir sofrimento ao paciente como um mecanismo meramente punitivo travestido de proposta terapêutica não é um tratamento. É bem verdade que eu afirmei que era a favor de que os psicopatas também paguem por seus crimes, assim como outros tantos indivíduos que não podem ser considerados inimputáveis. Mas afirmei que eles devem pagar pelos seus crimes, assim como qualquer indivíduo imputável, em instituições de privação de liberdade e não em clínicas ou hospitais. Não sou favorável ao abolicionismo penal. No entanto, também não sou favorável à utilização de leucotomias e lobotomias como forma de tratar psicopatas. Não seria usando instrumentos cortantes ou perfurantes na parte frontal do cérebro de alguém com esse transtorno que iremos tratá-lo. Felizmente, não li nenhuma proposta recente de que um tratamento assim necessitasse ser feito para o psicopata.

Partindo, nesse sentido, de um proposital exagero, quero apenas destacar que um tratamento eficaz, porém não punitivo para o psicopata ainda não foi alcançado. Esse fato, por si só, não assevera que tal tratamento não poderá ser alcançado um dia. Estou sendo otimista quanto a isso? Sem dúvida, estou. Mas, conforme fiz questão de demonstrar, o pessimismo extremo poderia ser também uma forma de incorrer em um sofisma formal.

Não gostaria de ser, novamente, pego no "contrapé" em um evento científico. Portanto, imagino que se alguém, dessa vez, me perguntasse "A maldade do psicopata tem cura?", minha resposta talvez fosse:

"Não considero a palavra ´maldade´ cientificamente útil, uma vez que não gera, nesse campo, acréscimos conceituais para melhor pensarmos o fenômeno em questão. Relativizaria ainda a palavra cura, considerando que, conforme meu ponto de vista, alguns são apenas mais condicionados do que outros. De outro modo, assim como em outras áreas da Ciência, penso que psicoterapeutas poderão melhorar seus métodos, ao melhorarem as suas perguntas. Só mais recentemente começamos a descobrir o que há de errado com o cérebro do psicopata. Sendo assim, ainda é muito cedo para afirmar que toda e qualquer informação que esse cérebro esteja apto a processar e ponderar em um contexto de psicoterapia não gere efeitos, ainda que modestos, sobre suas próprias regularidades. E, por fim, mesmo sem ser um clínico, apostaria que a testagem de abordagens ecléticas, que acabem por considerar diferentes níveis de explicação para os processos humanos de mudança, é um caminho possível.[77] Não tendo eu uma máquina do tempo para viajar para o futuro, não posso descartar, de antemão, a efetividade de propostas que ainda não foram plenamente testadas. Quando tivermos finalmente testado essas hipóteses, saberemos se estávamos ou não no caminho certo. Mas isso é o que há de mais fascinante na Ciência, só se descobre se estivemos ou não trilhando o caminho certo, depois que nos aventuramos a trilhá-lo.

A letra de uma canção de *rock* que escutei recentemente, de um modo poético, lembrou-me que as coisas mudam[78]. Conforme o cantor:

> *Se hoje você perdeu,*
> *Amanhã você pode ganhar*
> *As coisas mudam...*
>
> *Agora você não sabe*
> *Depois poderá descobrir*
> *As coisas mudam*
>
> *Tem dias que chove muito*
> *No outro o sol despontará*
> *As coisas mudam...*

As coisas sempre mudam e ainda que a personalidade não mude com a velocidade que alguns teóricos afirmam, o fato é que as coisas mudam. Dessa forma, fazer Ciência é apostar na ideia de que, se agora não sabemos, depois poderemos descobrir.

O psicólogo cognitivo Albert Bandura criou uma interessante teoria sobre aquilo que poderíamos traduzir por desengajamento moral[79]. Bandura não foi exatamente um estudioso da psicopatia, seu foco era a aprendizagem social.

Conforme essa teoria, pessoas comuns, cuja personalidade não se aproxima de um quadro de psicopatia, podem, em situações específicas, desengajar-se de valores morais com as quais já estiveram, em outros tempos, identificadas. Valem-se, para tanto, de justificativas que o próprio indivíduo encarrega-se de conceber como sendo racionais. Seria uma espécie de abalo na cognição social que, por sua vez, diz respeito aos mecanismos que usamos para interagir com nossos semelhantes. Quando há um desengajamento moral, o sujeito afasta-se de valores que, em outros tempos, teriam sido norteadores da sua conduta. Esse é o princípio da intolerância em todas as suas formas.

A maioria de nós aprende, desde cedo, que matar nossos semelhantes é errado. Esses valores são constantemente reforçados em diferentes culturas pelo fato de que somos, antes de tudo, uma espécie social. Entretanto, em circunstâncias de guerra, pessoas sem qualquer transtorno de personalidade podem, por exemplo, facilmente matar outros indivíduos. Algumas vezes podem até fazer isso com requintes de crueldade. Passam a funcionar a partir de uma crença de que pessoas da etnia x ou y devem morrer. Afirmam que tal "espécie" de gente se constitui como um mal a ser extirpado. Infelizmente, já vimos isso acontecer em diferentes momentos da nossa história. Bandura, como um psicólogo cognitivo, elegeu a cognição social como seu principal foco de análise. Elaborou, a partir desse mesmo nível de explicação, uma abordagem sugestiva quanto aos mecanismos que podem elucidar como homens "bons" que, dadas as circunstâncias, tornam-se homens "maus".

Madre Teresa de Calcutá uma vez disse: "Se eu olhar para a massa jamais agirei, mas se olho para o indivíduo, eu ajo". A capacidade altruística dessa pequena grande mulher até hoje fascina muitos. Mas como explicar tamanho desprendimento? A sua frase fornece algumas pistas.

Pessoas que vivenciam o desengajamento moral olham para a massa e nunca para o indivíduo. Por isso são capazes de cometer "faxinas étnicas", acreditando que tais atos são plenamente justificáveis. Mas a psicopatia não pode ser explicada meramente a partir de um mecanismo de desengajamento moral. O massacre que indivíduos não psicopatas se mostram capazes de realizar em nome guerras "santas" ou "eugênicas" talvez possa. Um desengajamento moral que se torna possível quando qualquer olhar para o indivíduo se perde em nome de uma única forma de olhar para a massa.

Por outro lado, especulo se um certo nível de "engajamento moral" em psicopatas não poderia um dia ser também favorecido, ainda que de um modo muito incipiente. Uma mera especulação, mas uma especulação cabível diante destas considerações. Psicopatas parecem ter uma enorme dificuldade de olhar para o indivíduo, mas, ao mesmo tempo, não pelo fato de que seu olhar esteja voltado para uma massa a ser odiada e perseguida. Não se trata, nesse caso, de manifestar uma emoção negativa não direcionada a um único indivíduo e, portanto, mais aceitável para quem a experimenta. Trata-se, conforme já expliquei, de um distanciamento afetivo. Uma dificuldade de olhar para o indivíduo, no sentido de não ser "tocado" pelo sofrimento que, porventura, esse mesmo indivíduo manifeste. Trata-se, portanto, de um caminho obstruído para que a compaixão possa surgir.

Essa poderia ser uma outra forma de entender a psicopatia. Dessa vez, um pouco mais distante da Ciência, mas um pouco mais próxima da Filosofia Moral. Não concebo a compaixão como sendo uma estação de chegada. Arrisco-me, no entanto, em uma visão quase teleológica e, nesse caso, valorativa, concebendo a maldade do psicopata como um caminho, de um modo um tanto quanto perdurável, obstruído para o bem.

Estou sendo, conforme afirmei em capítulos anteriores, mais filosófico e especulativo nestes últimos capítulos. Se nos cinco primeiros capítulos estava voltado para a divulgação de achados científicos atuais sobre a psicopatia, nos últimos, recorro a algumas áreas da Filosofia. No próximo capítulo, sigo nessa mesma direção.

Saliento, de outro modo, que meu objetivo principal, nas próximas páginas, é reexplicar como a psicopatia pode, em grande parte, ser entendida a partir dos seus aspectos dimensionais. Para tanto, irei valer-me da metáfora de um conto, pode-se dizer, quase Zen.

Capítulo 8

OS PSICOPATAS PODEM ALCANÇAR O NIRVANA?

Um discípulo colocou-se diante de um conhecido mestre Zen que vivia no alto de uma montanha e afirmou:

— Mestre! Tenho descoberto coisas estarrecedoras que me fazem pensar que eu já não sei mais no que acreditar.

— Explique-me que coisas são essas — comentou o mestre

O discípulo então continuou:

— A Ciência está começando a descobrir que a maldade de algumas pessoas só existe pelo fato de que seus cérebros não estão funcionando do modo como deveriam funcionar.

— Continue — disse o mestre

— O altruísmo que muitos praticam pode ser uma resposta adaptativa da nossa espécie, mas alguns da nossa espécie parecem apresentar um cérebro bem menos capaz de gerar comportamentos altruístas. Isso tudo é assustador, salientou o discípulo.

Após dirigir um tenro olhar para o discípulo, o mestre perguntou:

— O que há de tão assustador nessas ideias?

— Acho que o que há de mais assustador é saber que o Bem e o Mal, nesse caso, não passam de condicionamentos que habitam um cérebro funcional ou disfuncional. Sendo assim, não somos verdadeiramente livres, agimos apenas a partir dos nossos condicionamentos.

O mestre olhou para o discípulo com um olhar complacente e então perguntou:

— E qual seria a novidade contida nessas afirmações para aquele que segue a doutrina do Buda?

— Não sei dizer, respondeu o discípulo, e logo depois de pensar um pouco, ainda demonstrando uma certa perplexidade no olhar, continuou:

— Mas se sou apenas o produto de tudo isso, como posso libertar-me dessa terrível condição? Onde, em minha mente, está a saída? Mostre-me agora, mestre.

O mestre, vagarosamente, pegou um chávena de chá que estava próxima ao local no qual meditava, aproximou-se do discípulo e lentamente esvaziou a chávena, despejando o líquido já frio na cabeça daquele que o escutava. Após perceber sinais de surpresa na face do discípulo perguntou apenas:

— Esvaziar a chávena seria uma saída?

Sem entender a atitude do mestre, o discípulo, um pouco irritado, deu as costas para o seu interlocutor e iniciou então uma longa descida da montanha.

Essa história não foi, certamente, retirada de nenhum livro sobre o Zen Budismo. Poderia, no entanto, conter uma espécie de Koan adaptado de outros tantos Koans que permeiam textos da doutrina Zen.

A palavra Koan significa, literalmente, "documento público". Passou a descrever problemas propostos por grandes mestres budistas diante dos quais não era possível encontrar uma solução intelectual. Em um Koan, não há um caminho lógico para ser trilhado pelo intelecto. Afinal, o objetivo do mestre é sempre embaralhar o intelecto do discípulo. O fim maior é, portanto, convidá-lo a abandonar suas vãs tentativas de capturar aquilo que não pode ser capturado pelo pensamento. Pensamento que, conforme o Zen, nada mais é do que a expressão dos diferentes condicionamentos que nos habitam.

A doutrina Zen propicia-me, neste capítulo, uma metáfora com consequências interessantes para pensar a condição existencial do psicopata. Sobretudo, pelo fato de que as concepções religiosas envolvidas no Zen não sofrem qualquer abalo diante das descobertas científicas que mencionei ao longo desta obra, relacionadas à própria condição cerebral do psicopata.

O fato de a psicopatia revelar-se um fenômeno que se apresenta a partir de uma disfuncionalidade cerebral e de que tais constatações o conduzam a pensar sobre o Bem e o Mal como condicionamentos da mente não atinge os preceitos do Zen. Para essa doutrina, somos todos o produto de uma longa história de condicionamentos ontogenéticos e filogenéticos. Condicionamentos capazes de gerar a ilusão da escolha e reforçar as amarras do próprio ego. Para o Zen, o Nirvana ou, em outros termos, a libertação, não está e nem poderia estar na mente. Está no esvaziamento dela. Mas o desejo de esvaziá-la pode ser também o reforçador das ilusões. O desejo de esvaziar a xícara não passa, desse modo, de uma outra forma de enchê-la. Para o Zen, a verdade não depende do próprio anseio em alcançá-la. Depende de um esvaziamento cuja naturalidade e simplicidade não é produto do ego e, portanto, não é passível de ser ensinado pelos recursos da lógica.

Uma vez um discípulo disse para o mestre que desejava libertar-se de tudo. Não queria mais depender de nada, nem das coisas boas, nem das coisas ruins. O mestre então respondeu que era melhor ele começar por não depender da não dependência.

Uma bela canção de um cantor brasileiro que, criativamente, adaptou uma música de Bob Dylan, afirma que um dia todos nós iremos servir alguém[80]. Como forma de manter a musicalidade contida em alguns capítulos anteriores, destaco uma parte da letra:

> *Você pode ser rei no país do futebol*
> *Pode ser viciado em bingo e nunca ver a luz do sol*
> *Você pode ser um mago e vender livros de montão*
> *Pode ser uma socialite, enriquecer vendendo pão*
> *Mas um dia vai servir a alguém, é*
> *Um dia vai servir a alguém*
> *Seja ao diabo*
> *Ou seja a Deus*
> *Um dia você vai servir a alguém*
> *Pode ser incendiário e fazer um índio arder*
> *Você pode ser o índio vendo a chama acender*
> *Pode ser um bom ladrão, pode ser um mau juiz*
> *Pode ter um passado limpo, pode ter uma cicatriz*
> *Mas um dia vai servir a alguém...*

Para o Zen, em tudo que fazemos ou deixamos de fazer, já estamos servindo alguém. Estamos servindo nosso próprio ego. A descarga de dopamina envolvendo uma boa ação e o ato de matar alguém que o desafia para uma briga envolvem condicionamentos, embora, é claro, com implicações sociais muito distintas. Para o Zen, podemos, em ambos os casos, estar manifestando condicionamentos, ainda que, como toda a certeza, a expressão do primeiro mereça ser socialmente estimulada e a expressão do segundo necessite ser judicialmente punida.

Mas este não é um livro sobre Zen e eu não sou alguém capacitado para ensinar essa sabedoria milenar. Apenas simpatizo com a cosmovisão que caracteriza o Zen e, sendo assim, neste último capítulo, quero apenas explicar o motivo pelo qual os psicopatas não podem alcançar o Nirvana. Mas irei aludir um impedimento lógico e não exatamente transcendental. Explicá-lo a partir de algumas metáforas irá me permitir uma última e necessária explanação sobre o que é ser um psicopata. Para tanto, prossigo com o conto do discípulo que volta a ter com o mestre.

Depois de sentir-se embaralhado pela última pergunta feita pelo mestre, o discípulo voltou a encontrá-lo algumas semanas depois. A próxima pergunta que fez foi:

— Mestre, alguém que é cerebralmente pouco responsivo às emoções alheias pode alcançar o Nirvana?

O mestre então, de uma forma pausada, apresentou outra pergunta:

— A luz que provém da lâmpada que se acende pode iluminar uma sala escura?

Alguns dias passaram-se e então o discípulo resolveu arriscar uma resposta sem saber se a pergunta era ou não um Koan.

— A luz que provém de uma lâmpada que se acende não pode subitamente iluminar uma sala escura. Assim que a luminosidade começa a ser gerada pela lâmpada, a sala já não mais pode ser considerada escura. A ocorrência inicial desse fenômeno altera a condição de ausência de luminosidade da sala, que, sendo assim, não pode mais ser descrita como uma sala escura.

— Sua resposta não está inteiramente errada e não está inteiramente correta, tente novamente — ponderou o mestre.

Mais alguns dias passaram-se, o discípulo voltou a subir a montanha e uma nova resposta foi dada para a pergunta do mestre:

— A luz que provém de uma lâmpada que se acende pode subitamente iluminar uma sala escura. Embora o olho humano não possa acompanhar a velocidade de uma radiação eletromagnética desse tipo, deve existir algum ponto relacionado à propagação da luz proveniente da lâmpada, no qual ainda seria possível dizer que a sala está escura e outro no qual essa condição subitamente se altera.

Novamente, o mestre comentou:

— Sua resposta não está inteiramente errada e não está inteiramente correta, tente novamente.

Dessa vez, o discípulo esperou alguns meses se passarem para subir novamente a montanha. Tentou, então, uma terceira resposta.

— Escuridão e claridade estão interligadas. A luz que provém da lâmpada se espalha tão rapidamente na sala a ponto de não ser possível vislumbrarmos esse fenômeno. Embora possa existir um instante no qual a escuridão termine para que a claridade principie, a sua identificação irá depender daquilo que alguns observadores poderiam convencionar como escuridão ou como claridade. Porém, convencionar pontos de ruptura nesse processo é epistemologicamente inútil, considerando a impossibilidade da cognição humana, por si só, registrar os instantes relacionados a essa transitoriedade. Não estão, portanto, inteiramente corretas ou inteiramente equivocadas as respostas que forneci.

Demonstrando, em sua face, sinais de estar satisfeito com a resposta, o mestre fez uma nova pergunta para o discípulo:

— Milhares de litros de um líquido vermelho sendo lentamente despejados em um único litro de um líquido amarelo podem fazer com que as propriedades necessárias para a visualização da cor amarela se percam quando o primeiro líquido estiver completamente sobreposto e misturado ao segundo?

Dessa vez, o discípulo conseguiu ser mais rápido diante de uma pergunta que só poderia ter uma resposta.

— Não, mestre. Antes que ocorra uma sobreposição e mistura completa envolvendo milhares de litros de um líquido vermelho, lentamente despejados sobre um líquido amarelo, um líquido laranja surgirá. Portanto, as propriedades necessárias para a visualização da cor amarela já terão sido perdidas muito antes disso. Nesse caso, é cognitivamente viável e epistemologicamente válido identificar quando um fenômeno perdeu as propriedades que o definem como tal.

O mestre fez então a terceira e última pergunta gerada a partir da questão do discípulo, envolvendo a possibilidade de alguém cerebralmente pouco responsivo às emoções alheias alcançar o nirvana.

Um príncipe abandona seu palácio. Em suas andanças, é tocado pela velhice, pelo sofrimento e pela morte que vê nos seus semelhantes. Tempos depois, decide que irá procurar a libertação dessa terrível condição que aprisiona os entes vivos. Quem então reagiu à dor que viu nos outros, o príncipe ou o seu cérebro?

O discípulo pensou um pouco, mas resolveu não se arriscar diante de uma questão que parecia ser mais difícil. Foi embora. Meses e anos passaram-se. Certo dia, voltou e começou a falar:

— Consegui alcançar respostas que você considerou racionalmente satisfatórias para as duas primeiras perguntas. Descobri, portanto, que essas perguntas não poderiam ser Koans. Mas muitos anos se passaram e continuo sem saber a resposta para a terceira pergunta.

Constatei apenas que o príncipe em questão era Sidarta Gautama, o próprio buda. Depois disso, entendi o motivo das duas primeiras perguntas. Se alguém é suficientemente responsivo às emoções alheias a ponto de tocar-se com o sofrimento e a morte dos seus semelhantes, não é um psicopata. Alguém que passa a ter reações empáticas e, a partir disso, começa a buscar a iluminação, tocado pela dor e pelo sofrimento alheio não é um psicopata. Dessa forma, os psicopatas não podem alcançar o nirvana pelo simples fato de que a própria reatividade cerebral capaz de colocá-los em uma busca como essa já seria suficiente para dizer que não são psicopatas. Se alguém pudesse transformar-se a ponto desenvolver um cérebro mais responsivo às emoções alheias, estaria alterando então a sua própria condição nosológica e existencial. Teria então deixado de ser um psicopata frio, antes mesmo de buscar e, quiçá, alcançar o Nirvana. Esta é igualmente uma questão lógica.

O discípulo prosseguiu:

— Durante esses anos, percebi também que, tal como no enigma das cores, mas diferente do enigma da lâmpada, é cognitivamente possível e epistemologicamente válido destacar as propriedades que distinguem a ocorrência da não ocorrência da psicopatia. Quanto ao enigma do príncipe que saiu do palácio, não sei responder. Apenas acho que não podemos separar uma coisa da outra. Sidarta era, como não poderia deixar de ser, seu próprio cérebro, e seu cérebro era a sua própria condição existencial capaz de levá-lo a uma busca pela libertação. Nesse sentido, acredito que Sidarta era, antes de alcançar a iluminação, seus condicionamentos, bem como as circunstâncias diante das quais reagia e sobre as quais interferia.

— Depois de escutar tão eloquente resposta, o mestre apenas sorriu e se foi, dessa vez, ele mesmo iniciando uma longa, e considerando sua idade, penosa decida da montanha.

Esse conto quase zen permite-me sintetizar algumas das informações contidas no livro. Os enigmas destacados a partir de uma linguagem narrativa revelam o que é ser um psicopata e a razão pela qual alguns são mais psicopatas que outros. Sobretudo, sugerem que é intelectualmente viável e cientificamente justificável conceber a existência desse transtorno.

A psicopatia não é um fenômeno do tipo "tudo ou nada". Não é como uma moeda que você joga para cima em um jogo de cara ou coroa no qual somente dois eventos são possíveis e um deles ocorrerá quando a moeda cair. Dessa forma, o enigma das cores fornece uma analogia explicativa. De um jeito ou de outro, a cor amarela, definida a partir das propriedades relativas ao comprimento de onda da radiação, não mais estará lá. Para nós humanos pertencentes à ordem dos primatas que abarca espécies capazes de enxergar em cores, o amarelo terá deixado de ser amarelo para tornar-se laranja. Ainda que isso não ocorra de uma forma súbita, considerando que um líquido será despejado lentamente em outro, o fato é que um líquido laranja surgirá. Ainda que variações graduais no espectro ocorram, sustento que chegará o momento em que a cor laranja estará tão evidente que irá suportar qualquer relativismo dos observadores. Chega, portanto, um ponto no qual o laranja é visivelmente laranja. Dessa forma, basta ser visivelmente laranja para ser indiscutivelmente laranja. Sem a necessidade de maiores relativismos.

Voltemos a algumas questões do livro. Quando alguém diz que, no fundo, todos nós somos um pouco psicopatas, está raciocinando com base na lógica envolvida no enigma da lâmpada e não com a lógica que perfaz o enigma das cores. Volto a dizer que essa pessoa realmente não entendeu o que é ser um psicopata. Além disso, está presumindo mudanças tão drásticas e incessantes na personalidade, diante das quais qualquer diagnóstico que sobre ela recaia depende exclusivamente do ponto de vista do observador.

Está, desse modo, considerando que, se a psicopatia não é um evento equiparável a jogar uma moeda para cima, e, sendo assim, depende de um entendimento relativista, então ela não existe. No dois primeiros capítulos, eu expliquei a complexidade do diagnóstico, considerando a necessidade de um relativismo apoiado no método e não no simples anseio em desconstruí-lo. Textualmente, essas foram as minhas palavras no primeiro capítulo. A psicopatia é um transtorno de personalidade. Isso significa que a sua identificação envolve um processo picodiagnóstico difícil e exige um olhar treinado. Exatamente por isso manifesto preocupações de que algumas pessoas acreditem que, simplesmente estando com o manual do teste na mão, poderão decidir quem deve e quem não deve progredir de regime no sistema prisional. Mas essa já seria uma outra discussão. Abordá-la de forma mais direta renderia um outro livro. Um novo trabalho voltado exclusivamente para a avaliação do psicopata no contexto forense.

Uma discussão muito pertinente para a Psicologia, Psiquiatria e Direito. Porém, eu nem mesmo poderia chegar nela, antes de convencer, ou ao menos tentar convencer, alguns colegas de profissão que ainda insistem em dizer que a psicopatia não existe. Ou seja, como eu poderia discutir um mau uso das avaliações no sistema carcerário com pessoas que nem mesmo acreditam que exista algo a ser avaliado nesse contexto ou fora dele? Seria uma discussão necessária, porém, nesse caso, completamente improdutiva.

Este não é um livro direcionado apenas para estudantes ou profissionais das áreas 'psi'. Procura explicar a psicopatia para qualquer um que tenha interesse no tema. Sendo assim, o que estou afirmando para pessoas de outras áreas é que ainda existem alguns poucos colegas que, peremptoriamente, defendem a noção de que os psicopatas não existem ou existem tão somente como uma realidade socialmente construída. Afirmei também que, por trás desse entendimento, existem boas intenções relacionadas a promover transformações sociais mais do que necessárias no mundo em que vivemos. Por último, destaquei que sou levado a acreditar, diante disso, que essas pessoas estão defendendo a causa certa com o argumento errado.

Há ainda uma outra analogia no conto a ser explicada. Nesse caso, refiro-me à saída do príncipe Sidarta do seu palácio e a pergunta do mestre feita a partir disso. Conforme o próprio conto evidencia, ainda não temos respostas definitivas para a terceira e última pergunta feita pelo mestre. Essa também foi uma das asserções que estiveram presentes neste livro. Afirmei, nesse sentido, que duas, e somente duas, soluções são possíveis no que se refere ao "agenciamento" da "maldade" do psicopata. Uma envolve um dualismo quântico e outra um materialismo não necessariamente eliminativista.

Uma envolve a noção de um sistema semiestável, capaz de comportar níveis críticos. Ou seja, não há uma entidade operando a partir do sistema, e menos ainda dentro do sistema. Afinal, conforme essa concepção, a única coisa que existe é esse mesmo sistema. Se alguém mata outro alguém por sentir-se desafiado, a frase que escuta pode ter adquirido, nesse contexto, o status de condição momentaneamente suficiente para que o resto ocorresse. É como se a tosse de um alpinista, em algum momento, pudesse causar a avalanche, considerando a instabilidade do cenário. Temos uma aparente situação de decisão, mas, conforme esse entendimento, o comportamento de puxar o gatilho surge como resultado de flutuações de um sistema dinâmico, funcional ou disfuncional, porém aberto. Essa é uma concepção monista. A outra concepção que expliquei é dualista. Também não defende uma entidade gerenciadora dentro do sistema, mas sim a interface mente e cérebro em um nível quântico. Dizer que essas são as duas únicas concepções aceitáveis nessa discussão parece não ter grande mérito. Afinal, seria como uma frase atribuída a um narrador de futebol brasileiro que teria dito: "depois da vitória, o melhor resultado é o empate".

No entanto, o mérito de considerar essas duas e somente essas duas possibilidades é que ambas atestam a validade de explicações voltadas para o cérebro do psicopata. É com base no funcionamento cerebral, e não a partir de um mergulho no Lago Titicaca, que poderemos entender qual é o sítio da disfuncionalidade que está por trás das tendências comportamentais características do quadro. É nesse mesmo sítio que as influências genéticas, bem como outras ligadas ao ambiente intrafamiliar e extrafamiliar, operam.

Nesse sentido, por mais que eu tenha afirmado que ainda não podemos descartar o dualismo, mencionei um dualismo proposto por um neurocientista. Não é um argumento de autoridade nesse caso. É apenas a constatação de que, sendo um dualismo proposto por um neurocientista, considera, como não poderia deixar de ser, a importância de entendermos o que acontece no cérebro do psicopata. Para as duas correntes, a neurociência cognitiva é um nível de explicação epistemologicamente válido para a compreensão do fenômeno. O que muda entre elas é que uma aposta que se a mente é um mistério e a Física quântica é outro mistério, é provável que, em instâncias cerebrais inferiores, um desses mistérios seja explicativo para o outro.

Dizer portanto que só podemos apostar nesses dois entendimentos para o "agenciamento" da "maldade" do psicopata é, dessa forma, um argumento mais excludente do que, em um primeiro momento, pode parecer. Independentemente do próprio fato de eu apostar mais em um desses entendimentos do que no outro. Mas, conforme fiz questão de salientar, presumo também que o mistério da existência não deva estar nem um pouco interessado nos meus palpites. Se iremos alcançar respostas científicas definitivas sobre isso, confesso que não sei. Mas, como disse Eccles, não quero que isso termine, o importante é continuar.

Estou sendo cuidadoso com o uso da palavra "maldade" por questões já explicadas. No entanto, o leitor pode ter observado que sou um pouco mais benevolente com o uso da palavra "frieza" quando falo do psicopata. Uso essa mesma palavra no conto, assim como em capítulos anteriores. Dizer que alguém é frio não deixa de ser um juízo de valor. Quero, apesar disso, elucidar que considero a palavra frieza mais explicativa do que a palavra maldade, em se tratando de Ciência.

O frio nada mais é do que uma condição produzida pela ausência de calor em um corpo ou matéria. Temos, nesse caso, o uso de uma linguagem analógica que torna os dois fenômenos mais próximos. Afinal, a psicopatia pode ser entendida a partir de uma noção de negatividade. Ou, em outros termos, uma hiporresponsividade diante do outro. Nesses termos, uma responsividade que psicopatas apresentam a menos do que indivíduos normais. Pode haver elementos positivos no quadro conforme expliquei. Leia-se positivo, nesse caso, como algo que está a mais e não como algo bom. Dentre eles, o prazer sádico que pode ou não estar presente em muitos psicopatas. Porém, de um modo geral, a negatividade caracteriza melhor o quadro, embora uma manifestação exacerbada de comportamentos antissociais possa apresentar-se, conforme o entendimento constante no terceiro capítulo, como uma característica primária do transtorno.

O frio é um fenômeno inegavelmente compreendido pela noção de ausência de calor; já a maldade não necessariamente remete a uma ausência de bondade. Para algumas pessoas sim, e para outras não. Ninguém, por outro lado, veria sentido em perguntarmos quem, dentro de uma estrutura sólida que se esfria, decidiu dissipar calor. A analogia também assinala que, nesse caso, podemos pensar em termos das condições entrópicas de um sistema aberto. Em termos gerais, acredito que ambos os conceitos sejam valorativos, mas um ainda é mais valorativo do que outro.

E quanto ao conceito de psicopata, é valorativo? A resposta é que as vezes realmente tem sido, mas não deveria ser. Essa é uma das ideias que tentei passar no livro. Sendo a psicopatia uma categoria nosológica, requer um diagnóstico preciso. Não importa se alguém chama outro alguém de psicopata só por se deparar com atitudes que o desagradam. Em comunidades de relacionamento na internet, já vi até gatos e cachorros serem chamados de psicopatas. É possível que um dia tenhamos tartarugas, iguanas, periquitos e outros animais sendo chamados por essa mesma palavra.

O problema de usar um conceito valorativo para a Ciência pode ser entendido recorrendo, novamente, ao exemplo da mãe de Forest Gump, quando fala para seu filho que idiota é somente quem faz idiotices. O idiotismo já foi uma categoria nosológica. A palavra "idiota" serviu de título para uma obra de Fiódor Dostoievsky, que narra a história de alguém com um comprometimento na sua capacidade de interagir com os demais. No entanto, hoje, idiota é quem faz idiotices e, embora essa seja uma explicação redundante, podemos facilmente perceber que o vocábulo parte de um valor atribuído. Nessa mesma linha, podemos dizer que uma pessoa maldosa é alguém que faz maldades. Um conceito, conforme fiz questão de salientar, útil em termos de interação social cotidiana, mas pouco útil em termos de Ciência.

Agora imagine que o leitor iniciasse esse livro se deparando com a seguinte frase: "Pretendo, nas próximas páginas, explicar a razão pela qual psicopatas fazem *psicopatices*". Acredito que alguém que lesse isso fecharia o livro na mesma hora e tentaria, o mais rápido possível, vendê-lo no sebo mais próximo.

Afinal, o que são psicopatices? A palavra nem mesmo existe. Alguém poderia, de um modo flexível, afirmar que talvez algumas ações fossem sinônimos de psicopatices. O embuste, por exemplo. Mas a psicopatia é uma síndrome e não um conjunto de atitudes passíveis de serem valoradas de um modo unidimensional. Já conheci ótimos embusteiros que não eram psicopatas. O embuste, em certos casos, pode ser uma estratégia de sobrevivência.

Considere, por exemplo, o dilema do sequestrador proposto pelo economista Thomas Schelling. Irei apresentá-lo a partir de uma adaptação minha, chamando-o aqui de "dilema do sequestrador com Transtorno de Personalidade Antissocial", sugerindo, dessa forma, que o personagem não é necessariamente um psicopata.

Considere um indivíduo que já roubou alguns objetos de algumas lojas nos últimos anos. Foi detido algumas vezes por brigar em bares e apresenta uma enorme dificuldade de planejar o seu futuro. Ou seja, alguém que, diante disso, já apresenta três dos critérios para o TPA.

Imagine então que essa pessoa, pela primeira vez, decide realizar um sequestro. Depois de ter a vítima em cativeiro por alguns dias, começa a pensar sobre o que fez. Em alguns momentos, olha para a vítima, às vezes a enxerga chorando, outras vezes apresenta uma expressão de medo quando se aproxima dela. Depois de alguns dias, esse sequestrador arrependido propõe um acordo com a vítima. Irá soltá-la, mas ela não poderá denunciá-lo para a polícia.

Em uma negociação tão difícil como essa, o sequestrador não terá garantia nenhuma de que a vítima está sendo sincera ou está, de outro modo, dissimulando suas intenções. De qualquer forma, uma coisa é certa, não há como chegar a uma escolha racional nesse processo de interação. São as emoções que orientam as ações do sequestrador. Sendo assim, o sequestrador irá recuar diante de qualquer mínimo sinal de que a vítima poderá denunciá-lo. Se houver qualquer indício, mesmo que mínimo, de que a vítima está jogando com as suas intenções, ele irá voltar atrás. A vítima pode ser um perfeito embusteiro ou não. Se for, poderá usar sua capacidade para enganar o sequestrador arrependido, mas será que poderemos culpá-la por agir assim, considerando seu sofrimento no cativeiro?

Agora tente transferir esse ponto de vista para uma criança de onze anos que pede esmolas nas ruas. Ela olha para baixo, modula seu tom de voz e pede um dinheiro para você. Nos dias atuais, a maioria das pessoas não dá o dinheiro. Em parte, pelo fato de que sabe que esse dinheiro na mão de uma criança de rua pode ser mais prejudicial do que benéfico para a própria criança. De outro modo, já tive a oportunidade de analisar as expressões faciais de algumas pessoas que negam o dinheiro e, em alguns casos, um pouco de raiva, logo depois de a pessoa escutar o pedido, também se faz presente.

Não acho que as pessoas que negam o dinheiro, demonstrando sinais sutis de raiva, sejam pessoas malvadas. Acho que elas estão manifestando um mecanismo adaptativo da nossa espécie, mesmo sem saber disso.

Crianças de rua aprendem muito cedo, diante da situação que enfrentam, a jogar com as emoções alheias. Mas não há nada de recriminável nisso, é uma estratégia de sobrevivência e não a manifestação precoce de um transtorno de personalidade. Aprendem, muitas vezes, que economizar informações em uma situação de interação na qual estão pedindo alguma coisa pode ser uma boa estratégia. Agem como se soubessem que tudo que disserem pode ser usado contra elas. Ou seja, pode diminuir a credibilidade diante de alguém que já apresenta um significativo grau de desconfiança quanto ao pedido.

É comum, para quem mora em grandes centros urbanos, receber pedidos de ajuda entregues em pequenos pedaços de papel. Em alguns casos, o artifício é mais que justificável, considerando que se trata de um pedido de ajuda para entidades assistenciais ou pessoas com deficiências auditivas. Em outras, entregar um papel é apenas um modo de mobilizar a emoção de pessoas mais resistentes. Ou seja, a lógica é que, quanto menos informação social houver para ser processada em uma situação como essa, menores serão as chances de a pessoa que recebe o pedido resistir a ele. Nossos cérebros tendem a rejeitar qualquer pedido de ajuda que julgamos não ser plenamente genuíno. Somos uma espécie social com mecanismos que nos conduzem à reprovação e ao afastamento diante de qualquer sinal de embuste. Porém, normalmente, não ponderamos sobre o fato de que, dadas as circunstâncias, esse embuste é para o pedinte uma estratégia de sobrevivência. Em outras palavras, a emoção fala mais alto e a razão cala-se. Entregar o papel com o pedido por escrito, ao invés de fazer o pedido verbalmente é, em alguns casos, uma tentativa de apaziguar a ação de mecanismos reativos naquele que se depara com o pedido. É uma forma de diminuir as chances de ter o pedido rejeitado, antes mesmo de terminar a frase. O problema é que, nos dias de hoje, as pessoas também já estão rejeitando o papel antes mesmo de lê-lo. Algumas pelo fato de não ter o dinheiro no bolso e outras por pensarem que pedidos de ajuda desse tipo são, quase sempre, meros embustes.

Quando destaco que esse mecanismo de rejeição pode ter sido favorecido em um cérebro social, não estou dizendo com isso que esse é um mecanismo que deve ser cultivado. Os valores sociais não são e nem devem ser uma simples expressão das nossas tendências filogenéticas. Desenvolvemos um subsistema capaz de viabilizar a metacognição e, portanto, podemos sempre pensar sobre o que estamos fazendo a cada momento e mudar o curso das nossas ações. Alguns não chegam a chamar isso de livre-arbítrio, mas optam por enxergar, a partir dessa capacidade, um determinismo brando como sendo uma condição que caracteriza a nossa espécie. O que significa dizer, em outras palavras, que temos escolhas e essas escolhas são neurobiologicamente mediadas por um subsistema superveniente.

Parafraseando o psicólogo evolucionista Steven Pinker, posso optar por não fazer muitas das coisas que estou filogeneticamente programado para fazer, e se os meus genes não gostarem disso, eles que se atirem no lago. O determinismo brando é também compatível com um materialismo funcionalista, ainda que defender a existência do primeiro não seja a razão de ser do segundo. Emitindo, dessa vez, um juízo de valor, considero as duas modalidades de entendimento "agradáveis" (uma vez que me causam agrado). Além disso, venho, nos últimos anos, considerando-as intelectualmente satisfatórias.

No exemplo da criança que pede esmolas, é importante que possamos sempre lembrar que por trás desse pedido e das possíveis estratégias que o acompanham há uma necessidade real. Uma necessidade que independe dos recursos que criança usa para persuadir os adultos. A criança com idade um pouco mais avançada que pede dinheiro, algumas vezes olhando forçosamente para baixo e diminuindo o tom de voz, age dessa forma pelo fato de que já tem teoria da mente para fazer isso. Mas, sobretudo, age dessa forma pelo fato de que necessita fazer isso. Não estou promovendo uma campanha para entregar dinheiro na mão de crianças nas sinaleiras de todo Brasil, pois isso agravaria ainda mais o problema. De outro modo, devemos lembrar que, em todo o Brasil, existem crianças necessitadas e podemos ajudá-las a partir de programas sérios. O exemplo da criança e o exemplo da vítima de sequestro que deseja denunciar seu algoz indicam que, muitas vezes, o embuste é uma estratégia de sobrevivência e não um mecanismo disfuncional da personalidade.

No segundo capítulo, eu mencionei que Ted Bundy, em alguns momentos da entrevista, procurou, deliberadamente, intensificar seus sinais de tristeza, voltando o olhar para baixo e modulando o tom de voz. Uma estratégia parecida com a que eu destaquei que poderia ser feita por uma criança de rua. Mas, no caso de Ted Bundy, estava analisando estratégias de manipulação usadas por alguém que matou trinta e cinco mulheres e não por uma criança que é forçada a pedir dinheiro para entregá-lo a um adulto que a agride.

Ao longo deste livro, repeti, quase como um mantra, que nada, isoladamente, é critério para a psicopatia. É um conjunto de manifestações e aspectos latentes do quadro que precisa ser investigado, considerando sempre as circunstâncias nas quais o indivíduo se encontra. O diagnóstico deve manter-se, nesse sentido, distante de qualquer juízo de valor.

Em parte, é difícil para quem pesquisa o tema deparar-se com as implicações de um mau uso da palavra psicopata. Um fato que também gera dificuldades iniciais para os avaliadores. Afinal, conforme destaquei, temos que, antes de tudo, deixar de lado qualquer postura valorativa diante do avaliado. Quando estamos diagnosticando a psicopatia, estamos avaliando a personalidade de alguém. De uma forma bastante singela, podemos então dizer que estamos avaliando um jeito de ser no mundo. Por intermédio das analogias constantes no conto, este capítulo também procurou demonstrar isso.

Se um psicopata, e não o próprio Sidarta, tivesse saído do palácio e enxergado situações de sofrimento, velhice e morte, suas reações, por certo, seriam outras. Tendo reações diferentes, teria também motivações diferentes. O impedimento para alcançar o Nirvana era, sobretudo, um impedimento lógico relacionado à própria condição existencial do psicopata.

Considere a seguinte história narrada e analisada pelo cientista cognitivo David Perkins[81]. A resposta para a pergunta também demanda uma análise lógica baseada nas informações fornecidas. Trata-se de uma história que não poderia ser verdadeira e o leitor deve identificar o elemento que atesta a sua falsidade.

"Uma vez, há muitos anos, durante um longo sermão, um homem adormeceu e viu-se lutando na Revolta dos Boxers, na China. No sonho, ele foi capturado e levado para o quartel do chefe. Exatamente no instante em que ele sonhava que o machado vinha descendo, a mulher estendeu a mão e deu uma batida com o leque em sua nuca para acordá-lo. O choque matou o homem no mesmo instante."

O que há de errado com essa história? A resposta não está relacionada à Revolta dos Boxers e também não envolve a possibilidade ou impossibilidade de um leque matar uma pessoa.

Antes de responder, algumas considerações. O sonho acontece normalmente no chamado estado de sono REM. Esse estado depende significativamente da ações de estruturas neurobiológicas localizadas no tronco cerebral. Sono e vigília envolvem, portanto, estados neurobiológicos distintos que, dessa forma, se caracterizam por manifestações comportamentais distintas. Uma pessoa pode estar quase acordada ou, de outro modo, quase dormindo. Entretanto, é cognitivamente possível e epistemologicamente válido separar essas duas condições. Não se espera, por exemplo, que uma pessoa, ao dormir, fale, de forma deliberada, com outro alguém que está próximo. Menos ainda narre que está sonhando a cada instante. Sendo assim, a resposta também é igualmente lógica. Se a pessoa morreu enquanto sonhava, quem poderia saber com o que estava sonhando no exato momento em que perdeu a vida? Narrar seus sonhos seria um comportamento não condizente com a sua condição neurobiológica nos instantes que precederam a sua morte.

Buscar a libertação em decorrência de uma reação empática no cérebro do psicopata nos instantes em que ele se depara com a velhice, o sofrimento e morte não seria um evento condizente com a condição neurobiológica que perfaz o quadro. Responder a pergunta que intitula este capítulo é, nesse sentido, uma forma de sintetizar tudo aquilo que o próprio livro buscou evidenciar sobre a psicopatia.

Uma vez respondida a pergunta, passo, nas páginas que seguem, para as considerações finais. Nesse último capítulo, além contar como termina a história do mestre e do discípulo, apresento, brevemente, a visão que tenho da ciência.

Em diferentes partes deste livro, falei de achados científicos envolvendo a psicopatia. Acabei me valendo desses mesmos achados para sustentar alguns entendimentos, em certos momentos, mais particularizados sobre alguns temas polêmicos. Sendo assim, nada mais pertinente do que explicar qual é a minha forma de enxergar a Ciência. Uma forma que, certamente, não é exclusivamente minha e que vai ao encontro de muitas ideias apregoadas por alguns filósofos da Ciência.

Adianto apenas que não vou tão longe a exemplo de filósofos como Paul Karl Feyerabend. Meu objetivo não é e nunca será dar adeus à razão e apoiar-me em uma epistemologia anárquica. Sou um profundo defensor dos métodos experimentais e psicométricos para o estudo do psiquismo. Exatamente por defendê-los com "unhas e dentes" é que acredito que temos que pensar sempre os seus limites para não incorrermos em falácias que poderão representar, para os psicometristas e cientistas cognitivos, um "tiro no próprio pé".

Nas páginas seguintes, apresento então as implicações desse ponto de vista para pensarmos futuros estudos sobre o psicopata. Destaco que existem perguntas em aberto que ainda precisam ser melhoradas. Apresento algumas delas e estou certo de que o leitor poderá identificar ainda muitas outras.

Encerro o livro com um conto zen verdadeiro. Uma história realmente baseada na sabedoria do Zen Budismo. Meu conto foi apenas uma história improvisada para facilitar uma clareza pretendida nos capítulos finais. Nada impede, no entanto, que, nas próximas páginas, eu narre como termina, ou não termina, essa história.

Capítulo 9

O FINAL DE UM CONTO QUASE ZEN

Muitos anos passaram-se. A montanha continuava do mesmo jeito, como uma realidade que parecia suportar o tempo. Os aldeões comentavam que no alto dela havia agora um novo mestre. Discípulo de um monge que, em outros tempos, habitou o local.

Certo dia, um jovem subiu a montanha querendo conhecer aquele que poderia ser seu mestre. Assim que o enxergou, fez o seguinte comentário:

— Os aldeões me falaram que aqui habitava um mestre. Fiz questão de saber quem era, pois quero trilhar o caminho do conhecimento.

— E por que acha que eu poderei ajudá-lo nesse mesmo caminho? — perguntou o monge.

— Pelo fato de que eu tenho muitas perguntas e anseio por respostas, — assegurou o jovem.

— Acredita mesmo que eu terei todas as respostas?

— Você é alguém que está buscando o conhecimento há muitos anos. Ocupou o lugar de seu antigo mestre, deve ter alcançado todas as respostas.

— Posso garantir que não as alcancei — asseverou o monge.

— Não as alcançou? Você não é um mestre? Se não tem as respostas, o que faz no alto desta montanha? Está aqui apenas contemplando a beleza do lugar?

Percebendo a ansiedade do jovem, o monge fez um breve sinal com uma das mãos, sugerindo que seria melhor ele parar de fazer perguntas. Mas, não contendo sua inquietação, o jovem continuou:

— Sendo assim, o que um velho como você tem a me oferecer?

— O que eu tenho a oferecer? Bom! Eu posso oferecer-lhe uma chávena de chá — respondeu o monge, expressando, logo depois, um radiante sorriso.

Decepcionado, o discípulo foi embora. Passaram-se dias e meses e o jovem acabou voltando.

— Conversei com os aldeões e eles insistiram que você era um mestre.

Contaram-me, no entanto, que algumas dúvidas pairam sobre a forma como você assumiu o lugar do seu antecessor. Tenho escutado diferentes comentários sobre isso.

— Conte-me alguns deles — solicitou o monge.

— Dizem que seu antigo mestre apenas riu e se foi, quando escutou algumas das suas respostas. Não se sabe, entretanto, se ele abandonou-o, acreditando que você era um tolo e jamais daria respostas satisfatórias para as perguntas que fazia ou se ficou satisfeito com aquilo que escutou, deixando que você ocupasse o lugar que antes havia sido dele.

O monge então terminou de sorver um último gole de chá e convidou o jovem a caminhar até um pequeno riacho, próximo ao local em que ambos se encontravam. Ainda com a chávena na mão, abaixou-se e encheu-a com a água corrente do riacho. Despejou então o líquido sobre a cabeça do jovem, perguntando logo depois:

— Acabo de jogar o rio sobre a sua cabeça?

Um pouco irritado, o jovem foi embora, iniciando uma longa descida da montanha. Passaram-se alguns anos e o rapaz voltou. Dessa vez, com uma aparência um pouco mais velha e dizendo que, nos últimos meses, passou a nutrir o desejo de tornar-se um discípulo. Afirmou:

— Alguns anos transcorreram e, finalmente, eu entendi a pergunta. Você não jogou o rio sobre a minha cabeça, pelo simples fato de que o conceito de rio remete a água que avança e, portanto, não pode estar inteiramente contida em uma chávena. Assim também deve ser a busca pelo conhecimento. É algo que deve incessantemente avançar. Tal como o seu antigo mestre, talvez você não consiga me dar todas as respostas que procuro. Mesmo assim, decidi que quero ser seu discípulo. Acredito que, tal como fez seu antigo mestre, você possa ajudar-me a melhorar algumas das perguntas que trago comigo.

O jovem assumiu então a condição de discípulo do monge. Contam os aldeões que, depois disso, foi visto subindo e descendo aquela montanha muitas e muitas vezes.

Se a segunda parte do conto constituía-se como um conjunto de metáforas para melhor pensar o aspecto dimensional da psicopatia, a sua última parte ajuda-nos a pensar o próprio conhecimento científico. Acredito que a beleza desse conhecimento resida, sobretudo, na incompletude que o caracteriza.

Na entrevista concedida por Eccles para o jornalista John Horgan já destacada em páginas anteriores, o neurocientista afirmou que, apesar de todos os avanços, a ciência não iria resolver todos os mistérios da existência. Sugeriu, no entanto, que o mais importante era continuar buscando respostas. O monge fez seu interlocutor perceber que o importante era continuar com as perguntas. Mais do que tudo, melhorá-las.

De um modo geral, este livro procurou mostrar que existem algumas perguntas ultrapassadas envolvendo a psicopatia e as ciências da mente e, de outro modo, outras que necessitam ser melhoradas. Cito como perguntas ultrapassadas a questão de saber se existem ou não psicopatas, bem como se é possível mensurar a manifestação desse transtorno de uma forma sistematizada. Considero como perguntas que precisam ser aprimoradas a questão relacionada à real necessidade de considerar comportamentos criminais para um diagnóstico mais confiável, bem como a sempre aludida intratabilidade do psicopata. Mas a Ciência é isso, chegamos mais perto das respostas na medida em que melhoramos as perguntas. Pesquisar é, na maioria das vezes, suportar as dúvidas. Como diria o, sob alguns aspectos, saudoso jornalista Paulo Francis, "se você não aguenta o calor, saia da cozinha". Se "ficar", suporte o fato de que as ciências da mente ainda não têm todas as respostas. Isso demonstra que a própria Ciência não é sinônimo de verdade absoluta, mas sim de um modo mais sistematizado e confiável de continuar avançando na busca pelo conhecimento. É a melhor forma, mas não a única, de melhorarmos as perguntas. É como o rio descrito no conto que só pode ser definido como tal, quando consideramos o avanço das águas que serpenteiam as suas margens.

Uma vez assisti a uma entrevista de um pesquisador que trabalha com outra área da Psicologia que também desperta o meu interesse mais recente. Trata-se da detecção da mentira com base em expressões e microexpressões faciais. Apesar de um consistente trabalho nessa área, quando perguntado se o método era falível, o pesquisador português respondeu que "se é científico, não pode ser falível".

Tenho a impressão de que esse pesquisador, na época da graduação, matriculou-se na disciplina de Filosofia da Ciência, mas andou faltando em algumas aulas. Ou talvez a disciplina fosse eletiva e ele não deu a devida importância, optando por não fazer a matrícula. A Ciência não é sinônimo de infalibilidade. Ela também aprende, e muito, com os seus próprios erros.

Ao longo deste livro, não destaquei estudos que evidenciam que a psicopatia existe e que o cérebro dos psicopatas não funciona da mesma forma que uma pessoa normal, alegando a infalibilidade da Ciência. Eu afirmei que, considerando a enorme convergência de muitos estudos recentes e metodologicamente bem conduzidos que indicam isso, só faz sentido discutir explicações concorrentes à luz da própria Ciência. Apenas citar o pensamento pós-estruturalista de Huguinho, Zezinho ou Luizinho para os propósitos dessa discussão, há algum tempo, deixou de ser suficiente.

Não alcancei a sabedoria do mestre de um conto "quase zen" e, menos ainda, a sabedoria do mestre do conto verdadeiramente zen que narro na sequência. Ficaria, por outro lado, feliz em saber que este livro ajudou o leitor a melhorar algumas das suas perguntas sobre um tema tão complexo. Um tema que deve ser discutido de um modo sério e ético. Uma ética que afirmo, mais uma vez apoiando-me em Habermas, deve provir do diálogo. Esse diálogo não deve ficar restrito aos estudiosos das ciências criminais, mas deve envolver a sociedade como um todo, considerando algumas questões jurídicas que foram aqui assinaladas.

Dessa forma, entendo que promover a divulgação científica é também contribuir para os avanços da própria Ciência. Fomentar, a partir disso, outras possibilidades de diálogo e compreensão relacionadas a um tema que ainda contempla controvérsias e, por certo, dogmatismos. Mas acho que terei que descer e subir a montanha várias vezes para descobrir se consegui fazer isso de uma forma satisfatória.

Quanto ao pássaro "pré-adolescente" mencionado em um dos capítulos e que estava hospedado na minha sacada, informo que ele se recuperou, bateu asas e seguiu seu caminho no mundo. Lembrou-me, a partir disso, que as coisas mudam, talvez não com a velocidade que alguns presumem, mas as coisas sempre mudam.

Para finalizar, um conto verdadeiramente zen. Uma breve história que nos faz pensar a importância de considerar a existência de certos fenômenos a partir dos seus aspectos cognoscíveis e relativamente perduráveis.

Yamaoka Tesshu, quando jovem estudante zen, visitou um mestre após outro. Foi então até Dokuon de Shokoky. Desejando mostrar o quanto já sabia, disse vaidoso:

— A mente, Buda, e os seres sencientes, além de tudo, não existem. A verdadeira natureza dos fenômenos é vazia. Não há realização, nenhuma desilusão, nenhum sábio, nenhuma mediocridade. Não há o dar e tampouco nada a receber!

Dokuon, que estava fumando pacientemente, nada disse. Subitamente, acertou Yamaoka na cabeça com seu longo cachimbo de bambu. Isso fez o jovem ficar muito irritado, gritando xingamentos.

— Se nada existe, perguntou calmamente Dokuon, de onde veio toda essa sua raiva?

NOTAS

Capítulo 1

¹ Uma discussão mais aprofundada relacionada à manifestação de traços associados ao Transtorno de Personalidade Narcisista e à Psicopatia pode ser encontrada no seguinte trabalho: PAULHUS, D. L; WILLIANS, K. M. The Dark Triad of personality: Narcisism, Machiavellianism, and Psychopathy. *Journal of Research in Personality*, v.36, 2002, p. 556-563. Os autores valem-se, nesse trabalho, de um amplo estudo correlacional com base no Modelo dos Cinco Grandes Fatores, destacando, dessa forma, proximidades e distinções a partir das dimensões mais básicas da personalidade.

Capítulo 2

² DAVOGLIO, T. R., GAUER, G. J. C.; VASCONCELLOS, S. J. L. &; GUINTER, L.. Medida Interpessoal de Psicopatia (IM-P): estudo preliminar no contexto brasileiro. *Trends in Psychiatry and Psychotherapy*, v. 33, 2011, p.147-155.

³ Importante ressaltar que o cientista Paul Ekman destaca ser mais difícil detectar sinais de mentira em psicopatas. Os chamados Vazamentos Emocionais, relacionados, na sua maioria, a sintomas de ansiedade que surgem quando o indivíduo está mentindo, seriam mais raros no caso da psicopatia. EKMAN, P. *Telling Lies*: Clues Deceit in The Marketplace, Politics and Marriage. W. W. Norton: New York, 2009.

⁴ Uma avaliação de índices mais confiáveis sobre o desempenho de psicopatas comparando-os com indivíduos não psicopatas no teste do polígrafo é, no entanto, limitada, considerando que as situações de pesquisa costumam ser artificiais para esses propósitos. PATRICK, C. J; IACONO, W. G.; Psychopathy, Threat, and Polygraph Test Accuracy. *Journal of Applied Psychology*, v.74, p.347-355.

⁵ RICHELL, R. A.; MITCHELL, D. G. V., NEWMAN, C.; LEONARD, A.; BARON-COHEN, S.; BLAIR, R. J. R. Theory of mind and psychopathy: can psychopathic individuals read the 'language of the eyes'? *Neuropsychologia*, v.41, 2002, p.523-526.

⁶ A concepção de um menor nível de responsividade às emoções alheias, que não

perfaz uma incapacidade nesse sentido, tem encontrado respaldo em alguns achados atuais que investigam a capacidade de perceber emoções expressas pela face por parte de psicopatas, ou mesmo de crianças com tendências à psicopatia. De um modo geral, os achados nessa área sugerem uma menor capacidade desses indivíduos identificarem emoções negativas tais como medo e tristeza. A replicação de esses achados não tem sido integralmente alcançada em todos os diferentes trabalhos nesse campo, que acabam por adotar métodos distintos entre si. Há, no entanto, uma convergência considerável entre eles. Alguns exemplos de estudos nessa área são destacados na sequência. BLAIR, R. J. R.; MITCHEL, D. G. V.; PERCHARDT, K. S.; COLLEDGE, E., LEONARD; R. A., SHINE, J. H.; et. al. Reduced sensivity to others fearful expressions in psychopathic individuals. *Personal and Individual Differences*, v.37, 2004, p. 1111-1112. BLAIR, R. J.; COLLEDGE, E. MURRAY, L. MITCHELL, D. G. A selective impairment in processing of sad and fearful expressions in children with psychopathic tendencies. *Journal of Abnormal Child Psychology*, v.29, 2001, p.491-498. GLASS, S. J.; NEWMAN, J. P. Recognition of Facial Affect in Psychopathic Offenders. *Journal of Abnormal Psychology*, v.115, 2006, p.815-820; DEL GAIZO, A. L., ; FALKENBACH, D. M. Primary and secondary psychopathic-traits and their relationship to perception and experience of emotion. *Personality and Individual Differences*, v.45, 2007, p.206-212; MARSH, A. A.; BLAIR, R. J. R. Deficits in facial affect recognition among antisocial populations: A meta-analysis. *Neuroscience and Biobehavioral Reviews*, v.32, 2008, p.454-465.

[7] A escala Hare permite o uso de um cálculo para escores ponderados quando não temos elementos para pontuar todos os itens do *checklist*.

Capítulo 3

[8] CERVONE, D. Evolutionary psychology and explanation in personality psychology. *Am Behav Sci*, v.43, 2007, p.1001-1014.

[9] MEALEY, L. The sociobiology of sociopathy: An integrated evolutionary model. *Behav Brain Sci*, v.18, 1995, p.523-599. ; MACMILIAN J, KOFOED L. Sociobiology and Antisocial Personality. *J Nerv Ment Dis*, v.172,1984, p. 701-706.

[10] MCANDREW, F. T. New Evolutionary Perspectives on Altruism: Miltilevel-Selection and Costly-Signaling Theories. *Current Directions in Pyshcology*, v.11, 2002, p.79-82.

[11] WRIGHT R. *O Animal Moral* – Por que somos como somos: A nova ciência da psicologia evolucionista. Rio de Janeiro: Campus, 1996.

[12] WRIGHT R. *O Animal Moral* – Por que somos como somos: A nova ciência da psicologia evolucionista. Rio de Janeiro: Campus, 1996.

[13] CHAUVIN, R. *O Darwinismo ou o Fim de um Mito*. Lisboa: Instituto Piaget, 1997

[14] PINEL, P. *Tratado Médico-Filosófico sobre a Alienação Mental ou a Mania*. Porto Alegre: Editora da UFRGS,2007, p.174.

[15] VASCONCELLOS, C. T. V. ; VASCONCELLOS, S. J. L. Quem eram os psicopatas? A história de alguns conceitos e suas implicações. In: Gauer, G. J. C.; VAS-

CONCELLOS, S. J. L. ; DAVOGLIO, T. R. (Orgs.). *Adolescentes em conflito*: Violência, Funcionamento Antisssocial e Traços de Psicopatia. São Paulo: Casa do Psicólogo.

[16] CLECKLEY, H. *The mask of sanity*. St. Louis: Mosby, 1998.

[17] ALVARENGA, M. A. S., MENDONZA-FLORES, C. E. ; GONTIJO, D. F. Evolução do DSM quanto ao critério categorial de diagnóstico para o distúrbio da personalidade antissocial. *Jornal Brasileiro de Psiquiatria*, v.58, 2009, p.258-266.

[18] PATRICK, C. J. *Transtorno de Personalidade Anti-Social e Psicopatia*. Em: O'DONOHUE, W.; FOWLER, K. A.; LILIENFELD. (orgs.). *Transtornos de Personalidade:* Em direção ao DSM-V, 2010.

[19] HARE R. D., HART S. D., HARPUR T. J. Psychopathy and the DSM-IV criteria for Antisocial Personality disorder. Journal of Abnormal Psychology, v.100, 1991, p.391-398.

[20] COOKE, D. J., MICHIE, C., HART, S. D. ; CLARCK, D. A. Reconstructing psychopathy: clarifying the insignificance of antisocial and socially deviant behavior in the diagnosis of psychopathy personlity disorder. *Journal of Personality Disorders*, v.18, 2004, p.337-357.

[21] Seriam inseridos nessa dimensão itens como irresponsabilidade, impulsividade e outros. COOKE, D. J. & MICHIE, C. The construct of psychopathy: towards a hierarchical model. Pyschological Assessment, v.13, 2001, p.171-188.

[22] Esse transtorno é chamado prosopagnosia.

[23] Trata-se da Síndrome Charles Bonnet e foi denominada dessa forma em homenagem ao naturalista com o mesmo nome, acometido pelo transtorno.

[24] A música aludida foi gravada pelo cantor Frank Jorge.

[25] LENTIN, J. Penso, logo me engano: Breve história do besteirol científico. São Paulo: Editora Ática, 1997.

[26] Outras informações sobre esse episódio, bem como as tensões que caracterizaram, de um modo mais significativo, essas disputas intelectuais encontram-se melhor descritas no livro Tábula Rasa do psicólogo canadense STEVEN PINKER. PINKER, S. Tábula Rasa: A Negação Contemporânea da Natureza Human. São Paulo: Companhia das Letras, 2004.

Capítulo 4

[27] CUNHA, E. As capacidades cognitivas na evolução humana. Em G. J. GAUER, MACHADO, D. S. (ORGS), Filhos e vítimas do tempo da violência - a família, a criança e o adolescente. Curitiba: Juruá, 2003, p.13-31.

[28] Estudos tem evidenciado que uma capacidade aumentada em pássaros armazenadores de semente explica-se também em função de um aumento em áreas específicas do hipocampo, conforme explicações constantes no sexto capítulo e trabalho referenciado em nota correspondente.

[29] DUNBAR, R. I. M. Grooming, gossip and the evolution of the language. Londres: Faber & Faber, 1996.

[30] DUNBAR, R. I. M. Neocortex size as a constraint on group size in primates. Journal of Human Evolution, v.20, 1992, p.469-493.

³¹ O registro arqueológico mais antigo de um comportamento altruísta data de sessenta mil anos evolvendo a sobrevivência de neandertal incapacitado e que contou com a ajuda do grupo para viver até uma idade de aproximadamente quarenta anos. (SOLECKI, 1971, citado por ECCLES, 1989).

³² ECCLES, J. *A evolução do cérebro:* a criação do eu. Lisboa: Instituto Piaget, 1989.

³³ BARTAL, I. B., DECETY, J. ; MASON, P. Empathy and Pro-Social Behavior in Rats, *Science*, v. 334, 2011, p.1427-1430.

³⁴RIDLEY, M. *As Origens da Virtude:* O estudo biológico da solidariedade. Rio de Janeiro: Recor, 2000.

³⁵ Essas observações podem ser igualmente confirmadas pelos estudos já citados envolvendo a capacidade de psicopatas identificarem emoções expressas pela face que sugerem uma dificuldade sutil, mas não uma incapacidade de processamento emocional por parte dos psicopatas. Comparando adolescentes com e sem traços de psicopatia, eu mesmo coordenei um estudo que encontrou diferenças estatisticamente significativas quanto a um desempenho mais precário na identificação das expressões faciais de medo para um processamento de 200 milissegundos. Tais diferenças não foram encontradas quando os mesmos estímulos eram processados em 500 milissegundos e 1 segundo, comparando adolescentes com traços de psicopatia com grupo controle. Para o neurocientista Donald W. Pfaff, a própria possibilidade de experimentar um medo compartilhado pode ter um papel fundamental nas reações empáticas e decisões morais. Ver: VASCONCELLOS, S. J. L., SALVADOR-SILVA, R., GAUER, V. ; GAUER, G. J. C. Psychopathic Traits in Adolescents and Recognition of Emotion in Facial Expressions. (Artigo Aceito para Publicação). *Revista Psicologia*: Reflexão e Crítica. VASCONCELLOS, S. J. L., SALVADOR-SILVA, R., DAVOGLIO, T. R., DIAS, A. C. G.; GAUER, G. J. C. Psicopatia e Identificação de Emoções Expressas pela Face: Uma Revisão Sistemática. (Artigo Aceito para Publicação). *Revista Psicologia*: Teoria e Pesquisa.

³⁶ Faço, nessa parte, uma alusão ao título da obra de Judith Harris, que aborda diferenças da personalidade, conforme a autora, não poderiam ser explicadas a partir de um enfoque exclusivamente genético e/ou restrito ao ambiente familiar. Judith Harris é uma psicóloga com fortes influências da Psicologia Evolucionista, sendo também capaz de atestar que essa mesma abordagem não é sinônimo de determinismo genético. O livro chama-se *Não há dois iguais*.

³⁷ WILLIAMSON, S., HARPUR, T. J. & HARE, R. D. Abnormal processing of affective words by psychopaths. Psychophysiology, v.28, 1991, p.260-273.

³⁸ KIEHL, K. A., SMITH, A. M., HARE, R. D., MENDREK, A., FORSTER, B. B., BRINK, J. et al. Limbic abnormalities in affective processing by criminal psychopaths as revealed by functional magnetic resonance imaging. Biological Pychiatry, v.50, 2001, p.677-684. KIEHL, K. A. A cognitive neuroscience perspective on psychopathy: evidence for paralimbic system dysfunction. Psychiatric Res., v.142, 2006, p.107-128.

³⁹ RAMACHANDRAN, V. S. ; BLAKESLEE. *Phantoms in the Brain*: Probing the Mysteries of the Human Mind. New York: William Morrow, 1998.

⁴⁰ BLAIR; R. J. R., PESCHARDT; K. S.; BUDHANI, S.; MITCHELL D. G. V.;

PINE, D. S. The Development of psychopathy. J. Child Psychol. Psychiatry, v.47, 2006, p.262-275. Um desses estudos identificou uma deformidade anatômica da amídala, sendo menor a parte esquerda em 17,1% e menor a parte direita em 18,9% em comparação a grupo controle. YANG, Y., RAINE, A. , NARR, K. L., COLLETTI, P. & TOGA, A. W. Localization of deformations within the amygdala in individuals with psychopathy. Arch Gen Psychiatry, v.66, 2009, p.986-994. Achados atuais indicam ainda que, considerando o fato de essa estrutura possuir núcleos multimodais, tais disfunções poderão ser mais bem mapeadas em termos da coocorrência de reduções (a exemplo dos núcleos basolaterais) ou mesmo alargamento estrutural igualmente capaz de comprometer determinadas formas de processamento (núcleos centrais e laterais), além do comprometimento orbitofrontal. Alterações que, conjuntamente, se revelam explicativas para os sintomas mais característicos do quadro. BOCCARDI, M., FRISONI, G. B., HARE, R. D., CAVEDO, E., NAJT, P., PIEVANI, M., et al. Cortex and amygdala morphology in psychopathy. *Psychiatry Research*: Neuroimaging, v.193, 2011, p.85-92.

[41] BLAIR. The Cognitive Neuroscience of Psychopathy and Implications for Judgments of Responsibility. *Neuroethics*, v.1, 2008, p.149-157.

[42] BLAIR, R. J. R. ; Cipolotti, L. Impaired social response reversal - A case of `acquired sociopathy'. *Brain*, v.123, 2000, p.1122-1141.

[43] BUCHEN, L. Arrested Development: Neuroscience shows that the adolescent brain is still developing. The question is whether that should influence the sentencing of juveniles. *Nature*. 19, 484. BONNIE, R.J., SCOTT, E.S. The Teenage Brain: Adolescent Brain Research and the Law. *Psychological Science*, v.22, 2013, p.158-161.

[44] VIDING, E.; BLAIR, R.J. R.; MOFFITT, T. E.; PLOMIN, R. Evidence for substantial genetic risk for psychopathy 7-years-old. *Journal of Child Psychology and Psychiatry*, v.46, 2005, p.592-597. BLONIGEN, D. M.; HICKS, B. M.; KRUEGER, R. F., PATRICK, C.J. ; IACONO, W. G. Psychopathic personality traits: Heritability and genetic overlap with internalizing and externalizing psychopathology, *Psychological Medicine*., v.35, 2005, p.637-648.

[45] A psicóloga Judith Harris, já citada, tem preconizado, por exemplo, uma significativa importância do ambiente extrafamiliar para explicar essas diferenças. HARRIS, J. *Diga-me com quem anda...* Rio de Janeiro: Objetiva. HARRIS, J. R. Context-specific learning, personality, and birth order. Current Directions in Psychological Science, v.9, 1999, p.174-177.

[46] UEMATSU, A., MATSUI, M., Tanaka, C., Takahashi, T., et al. Developmental Trajectories of Amygdala and Hippocampus from Infancy to Early Adulthood in Healthy Individuals. PLoS ONE 7(10), e46970, 2012.

[47] Esses resultados ainda necessitam de uma análise mais conclusiva. São, nesse sentido, parciais e incipientes considerando também o tamanho da amostra avaliada. Atualmente, em torno de duzentos e cinquenta indivíduos.

Capítulo 5

[48] Tal como na entrevista anteriormente narrada, também opto pela alteração de alguns detalhes e omissão de outros como forma de inviabilizar qualquer possibilidade de identificação do avaliado. Opto ainda, nesse caso, por não mencionar os diferentes crimes cometidos pelo avaliado.

[49] STONE, M. H. Serial sexual homicide: biological, psychological, and sociological aspects. J *Personal Disord*,v.15,2001, p. 1-18.

[50] O PCL-R não é um instrumento plenamente confiável para avaliações fora do ambiente forense. Nesse sentido, essa é uma prevalência presumida com base na própria prevalência de Transtorno de Personalidade Antissocial na população carcerária e na população em geral, bem como nas diferenças entre prevalência dos dois transtornos na população carcerária. Um dos poucos estudos feitos envolvendo a prevalência em uma amostra comunitária detectou 8 casos de psicopatia em 411 indivíduos avaliados, ou seja, um percentual de aproximadamente 2%. PATRICK, C. J. Transtorno de Personalidade Anti-social e Psicopatia, 2010. In: O'DONOHUE, W.; FOWLER, K. A. ; LILIENFELD. (Orgs.). *Transtornos de Personalidade*: Em direção ao DSM-V.

[51] HARE, R. *Sin Consciencia*. El inquietante mundo de los psicopatas que nos rodean. Madrid: Paidós, 2003.

[52] MICHAEL STONE tem divulgado as formas de utilizar esse instrumento em documentários exibidos pelo Discovery Channel.

[53] SILVA, A. B. B. *Mentes Perigosas*: O psicopata mora ao lado. Rio de Janeiro: Objetiva, 2008. O erro mencionado encontra-se na página 54.

[54] Idade, maioridade e impunidade. Ciência Criminal, 3.

Capítulo 6

[55] CHURCHLAND, P. Matéria e Consciência. Uma Introdução à Filosofia da Mente. São Paulo: UNESP, 2004; O Materialismo eliminativo aludido ao longo do capítulo encontra-se devidamente explicado também nesse outro trabalho de PAUL CHURCHLAND: CHURCHLAND, P.M. Eliminative Materialism and the Propositional Attitudes, *Journal of Philosophy* 78: 67-90, 1981.

[56] Faço alusão, nessa parte, também ao chamado dualismo de propriedades que demandaria outras explicações. Considerando, no entanto, que ele não acrescenta novo ponto de vista para o debate que estou propondo, sugiro apenas leituras complementares sobre Filosofia da Mente para quem tiver interesse. SEARLE, J. R. Why I am not property dualist. *Journal of Consciousness Studies*, v.9, 2002, p.57-64. TEIXEIRA, J. F. *Filosofia e Ciência Cognitiva*. Petrópolis: Ed. Vozes, 2004. ; TEIXEIRA, J. F. *Filosofia da Mente*. Neurociência, Cognição e Comportamento, 2005. São Carlos: CLARALUZ. SEARLE, J. R. Consciousness, free action and the brain. Journal of Consciousness Studies, v.7, 2000, p.3-22. VASCONCELLOS, S. J. L. Filosofia da Mente: Uma revisão crítica. Psico, v.38, 2007, p.190-195

[57] PENROSE, R. Mechanisms, microtubules and the mind. *Journal of Consciousness Studies*, v.1, 1994, p.241-249. PENROSE, R. *Inteligência matemática*. In Khalfa, J. (Org.). *A Natureza da Inteligência*. São Paulo: UNESP1996.

[58] GARDNER, H. *A Nova Ciência da Mente*. São Paulo: EDUSP, 2003.

[59] BECK, A.; FREEMAN, A. *Terapia Cognitiva dos Transtornos de Personalidade*. Porto Alegre: Artes Médicas,1993.

[60] BECK, J. S. Terapia Cognitiva: teoria e prática. Porto Alegre: Artes Médicas.

[61] Uma explicação mais detalhada sobre essa redução encontra-se no livro do neurocientista Willian Calvin. CALVIN, W. H. Como o cérebro pensa. Rio de Janeiro: Editora Rocco, 1998.

[62] No caso de Roger Penrose, é uma hipótese baseada no teorema da incompletude de Gödel e, de um modo mais aplicável, derivada do problema da parada em uma máquina de Turing. Apesar da "*incompletude*" envolvendo determinados sistemas axiomáticos e de considerarmos uma realidade "não computável" envolvendo o funcionamento cerebral, o fato é que, como bem sugere Stephen Hawking, não temos como saber, até o momento, se proteínas tais como clatrinas presentes nos microtúbulos possam oferecer condições suficientes para o emaranhamento quântico que está no cerne dessas abordagens. PENROSE, R. *O Grande o Pequeno e a Mente Humana*. São Paulo: UNESP, 1998. Considero, de certo modo, um argumento do tipo *ignotum per ignotius*, ou seja, trata-se de substituir o desconhecido pelo mais desconhecido ainda.

[63] CLAYTON, N. S. Development of memory and the hippocampus: comparison of food-storing and nonstoring birds on a one-trial associative memory task. *Journal of Neuroscience*, v. 15, 1995, p. 2796-807.

[64] MAGUIRE, E. A., SPIERS, H. J., GOOD, C. D., HARTLEY, T., FRACKOWIAK, R. S. J., BURGESS, N. Navigation expertise and the human hippocampus: A structural brain imaging analysis. *Hippocampus*, v.13, 2003, p.250-259

[65] Examinando 42 trabalhos de avaliação de resultados terapêuticos, um estudo de revisão indicou não existir base totalmente conclusiva sobre a intratabilidade do psicopata. O autor sugere a necessidade de continuar investigando tais aspectos. SALEKIN, R. T. Psychopathy and therapeutic pessimism. Clinical lore or clinical reality? *Clin. Psychol Rev.*, v. 22, 2002,p.79-112.

[66] FORTH, A. E., KOSSON, D. S. & HARE, R. D. *Hare Psychopathy Youth Version manual*. Toronto, ON: Multi-Health Systems, 2003.

[67] DAMÁSIO, A. *O Mistério da Consciência*. São Paulo: Companhia das Letras, 2000.

[68] HORGAN, J. *O Fim da Ciência:* Uma discussão sobre os limites do conhecimento científico. São Paulo: Companhia das Letras, 1998.

Capítulo 7

[69] DENNETT, D. *A perigosa ideia de Darwin:* a evolução e os significados da vida. Rio de Janeiro: Rocco, 1998.

[70] SANFORD, J. A. *Mal:* O lado sombrio da humanidade. São Paulo: Paulinas, 1998.

[71] A analogia do centro de gravidade é também usada, em um entendimento funcionalista, para pensarmos a ontologia das crenças, conforme ilustra um exemplo didático constante na obra de G. Button e cols. BUTTON, G., COUTLER, J., LEE, J. R. R. & SHARROCK, W. *Computadores, Mentes e Máquinas.* São Paulo: UNESP, 1998.

[72] VASCONCELLOS, S. J. L. *A Mente Entreaberta:* Reflexões sobre o que a psicologia científica anda pensando sobre o nosso pensar. Rio de Janeiro: Ciência Moderna, 2005.

[73] PINKER, S. Rules of Language. *Science*, v.253, 1991, p.530-535.; PINKER, S. *O Instinto da Linguagem.* São Paulo: Martins Fontes, 2002.

[74] DIGMAN, J. M. Historical Antecedents of the five-factor model. In COSTA P. T ; WIDIGER, T. A. (Eds.) *Personality Disorders and the five-factor model of personality.* Washington, DC: American Psychological Association.

[75] GOLDBERG, L. The Development of Markers for the Big Five Structure. Psychological Assessment, v.4, 1992, p.26-42.

[76] SEGAL, N. L. ; MACDONALD. Behavioral Genetics and Evolutionary Psychology: Unified Perspective on Personality Research. *Human Biology*, v.70, 1998, p.159-184.

[77] Sobre esse ecletismo, que não é o mesmo que uma mistura de conceitos oriundos de abordagens distintas, Aaron Beck aposta que: "a cognição fornece uma ponte teórica para ligar as perspectivas comportamentais, psicodinâmicas, humanistas e biopsicossociais" (p. 51). BECK, A.T. ; ALFORD, B. A. *O Poder Integrador da Terapia Cognitiva.* Porto Alegre: Artes Médicas, 2000.

[78] A música aludida é do cantor Wander Wildner.

[79] BANDURA, A. Moral disengagement in the perpetration of inhumanities. Personality and Social Psychology Review, v.3, 1999, p.193-209. ; Bandura, A., Barbaranelli, C., Caprara, G. V., & Pastorelli, C. Mechanisms of moral disengagement in the exercise of moral agency. Journal of Personality and Social Psychology, v. 71, 1996, p.364-374.

Capítulo 8

[80] A música transcrita é uma adaptação feita pelo cantor Vitor Ramil.

[81] PERKINS, D. *A Banheira de Arquimedes*: Como os grandes cientistas usaram a criatividade e como você pode desenvolver a sua. Rio de Janeiro: Ediouro, 2002.